《아주 특별한 상식 NN-공정 무역》
공정한 무역, 가능한 일인가?

THE NO-NONSENSE GUIDE TO FAIR TRADE
by David Ransom
ⓒ New Internationalist Publications Ltd 2005
This translation from English of THE NO-NONSENSE GUIDE TO Fair Trade
first publishes in 2001 by arrangement with New Internationalist Publications Ltd., Oxford, UK.
All rights reserved.

Korean translation copyright ⓒ 2007 by Siwool Publishing Co.
Korean edition is published by arrangement with New Internationalist Publications Ltd
through Imprima Korea Agency.

이 책의 한국어판 저작권은 Imprima Korea Agency를 통해
New Internationalist Publications Ltd와의 독점계약으로 도서출판 이후(시울)에 있습니다.
저작권법에 의하여 한국 내에서 보호를 받는 저작물이므로 무단전재와 복제를 금합니다.

《아주 특별한 상식 NN-공정 무역》
공정한 무역, 가능한 일인가?

데이비드 랜섬 | 장윤정 옮김

《아주 특별한 상식 NN》이란?

우리 시대의 핵심 주제를 한눈에 알게 하는 《아주 특별한 상식 NN》

이 시리즈는 2001년에 영국에서 처음 출간되기 시작했습니다. 'The NO-NONSENSE guide'라는 이름을 갖고 있었으나 한국판을 출간하면서 지금 이 시대를 살아가는 우리가 꼭 알아야 할 '특별한 상식'을 이야기해 보자는 뜻으로 《아주 특별한 상식 NN》이란 이름을 붙였습니다. 세계화, 기후변화, 세계의 빈곤처럼 복잡하면서도 중요한 전 세계의 쟁점을 쉽게 이해할 수 있도록 기획된 책입니다.

각 주제와 관련된 주요 논쟁거리를 쉽게 알 수 있도록 관련 사실, 도표와 그래프, 각종 정보와 분석을 수록했습니다. 해당 주제와 관련된 행동에 직접 나서고 싶은 독자를 위해서는 세계의 관련 단체들이 어디에 있으며, 어떤 일을 하고 있는지 소개해 놓았습니다. 더 읽을 만한 자료는 무엇인지, 특별히 염두에 두고 읽어야 할 정보들은 어떤 것이 있는지도 한눈에 들어오게 편집했습니다.

우리 시대의 핵심 주제들을 짧은 시간에 쉽게 파악할 수 있게 도와주는 이 시리즈에는 이 책들을 기획하고 엮은 집단 '뉴 인터내셔널리스트New Internationalist'가 지난 30년간 쌓은 노하우가 담겨 있으며, 날카로우면서도 세련된 문장들은 또한 긴박하고 역동적인 책읽기의 즐거움을 느끼게 해 줄 것입니다.

1. 아주 특별한 상식 NN-세계화
2. 아주 특별한 상식 NN-세계의 빈곤
3. 아주 특별한 상식 NN-과학
4. 아주 특별한 상식 NN-기후변화
5. 아주 특별한 상식 NN-공정 무역
6. 아주 특별한 상식 NN-세계사
7. 아주 특별한 상식 NN-민주주의
8. 아주 특별한 상식 NN-이슬람
9. 아주 특별한 상식 NN-테러리즘
10. 아주 특별한 상식 NN-성적 다양성

    다음 세대를 살아가는 데 알맞은 대안적 세계관으로 이끌어 줄 《아주 특별한 상식 NN》 시리즈에는 주류 언론에서 중요하게 다루지 않는 특별한 관점과 통계 자료, 수치들이 풍부하게 들어 있습니다. 이 시대를 살아가는 데 꼭 필요한 주제를 엄선한 각 권을 읽고 나면 독자들은 명확한 주제 의식으로 세계를 바라볼 수 있게 될 것입니다.
    《아주 특별한 상식 NN》이 완간된 뒤에도, 이 책을 읽은 바로 당신의 손으로 이 시리즈가 계속 이어질 수 있기를 바랍니다.

NO-NONSENSE

《아주 특별한 상식 NN》, 어떻게 읽을까?

〈본문 가운데〉

▶ 용어 설명

본문 내용 가운데 특별히 중요한 용어는 따로 뽑아 표시해 주었다. 읽는이가 꼭 짚고 넘어가야 할 개념이나 중요한 책들, 사회적으로 의미가 있는 단체, 역사적 사건에 대한 설명 들이 들어 있다.

▶ 인물 설명

역사적으로 중요한 인물, 각 분야의 문제 인물의 생몰연도와 간단한 업적을 적어 주었다.

▶ 깊이 읽기

본문 내용을 이해하는 데 부차적으로 필요한 논거들, 꼭 언급해야 하는 것이지만 본문에서 따로 설명하지 않고 있는 것들을 적어 주었다.

▶ 자료

원서에 있던 자료를 그대로 쓴 것이다. 본문을 읽을 때 도움이 될 통계 자료, 사건 따위를 설명하고 있다.

〈부록에 실은 것들〉

▶ 본문 내용 참고 자료

원서에 있던 자료 가운데, 본문과 따로 좀 더 심도 깊게 들여다보면 좋을 것들을 부록으로 옮겨 놓았다.

▶ 관련 단체

해당 주제와 관련된 활동을 펼치는 국제단체를 소개하고, 웹사이트도 실어 놓았다.

▶ 참고 문헌

더 찾아보고 싶은 자료들이 있다면 해당 주제와 관련된 정보를 친절하게 실어 놓은 부록을 통해 단행본, 정기간행물, 웹사이트 주소를 찾아보면 된다.

▶ 함께 보면 좋을 책

이 책과 더불어 읽으면 좋을 책을 소개해 놓았다.

차례

- 《아주 특별한 상식 NN》이란? 4
- 《아주 특별한 상식 NN》, 어떻게 읽을까? 6

- 일러두기 14
- 추천하는 글
  삶을 윤택하게 하는 무역으로 세상을 바꾸자—애니타 로딕 15

서장 공정 무역의 탄생

비교 우위 25
비교 우위 이론의 전개 27
노예노동 28
대공황 29
수출 지향 성장 31
빚의 구렁텅이 32
시장의 권력은 누구에게 있는가? 35
자본주의의 시급한 과제 38
공정 무역의 탄생 39
코코아를 따라가며 44
공정 무역, 미래의 대안 48

1장 멕시코, 경종을 울리는 사례

북미자유무역협정을 준비하며   53
공장 안의 풍경   55
저항이 시작되다   56
새로운 시장   59
커피 농장에서   62

 2장 페루의 커피 산업

새로운 시작   71
커피 산업   73
커피나무   78
커피 수확하기   79
건조 과정   81
커피 가격에 좌우되는 삶   83
훼손되기 쉬운 환경   88
커피 유통이 시작되는 곳   90
라디오로 들려오는 커피 가격   91
알티플라노를 향해 가다   94
수출 등급 매기기   96

 3장 가나의 코코아 재배

실패한 자유무역의 의제　102
코코아 생산 현장에서　102
시장의 유동성　104
코코아 마케팅 위원회의 축소　107
코코아 협동조합　109
코코아 협동조합은 어떻게 움직이는가　110
그 밖의 지역에서는 무슨 일들이 일어나고 있는가　111
공정 거래업자들　113
가나산 초콜릿　115
구조 조정의 구속　116

 4장 과테말라와 카리브 해 지역의 바나나

뒤틀린 바나나 무역　122
국제무역　123
로메 협정　124
조사가 시작되다　128
노동조합 활동가　131
노동자들을 만나　132
임금 동결　135
화학 칵테일　137

다음 목적지, 도미니카   139
바나나 생산자들의 고충   141
더 많은 것은 더 적은 것을 의미한다   143
도미니카공화국   146
사비드의 도미니카 구출 작전   148
신선한 접근   149
부수적인 이익   151
공정하게 거래되는 유기농 상품   153
연대의 결성   154

5장 청바지, 브랜드의 폭력

급진적인 접근   162
청바지   165
패션 상징의 현 위치   166
면에 관한 진실   168
중국의 리바이스   171
삽 청바지   175
누가 청바지 값을 지불하는가?   176

 6장 선진국의 공정 무역

첫 번째 장벽   184
공정 무역가들   186
좋은 초콜릿   187
투기적 구매   189
가격의 요요 현상   190
소규모이지만 높은 효율성   192
공정 무역의 활성화   197

 7장 거인들 사이의 갓난아이

자유 시장에 대항하여   205
진정한 혜택   207
세계적인 것과 지역적인 것   209
공정 무역이 약속하는 것   210
상표화에 주목하라   212
대학 내 캠페인   214
노조의 투쟁   216
시애틀에서의 국제무역기구 회의   216
이성의 중재자   218
소비자의 책임   219
자본주의의 약점   221

 부록

부록 1―본문 내용 참고 자료   228

부록 2―저자 참고 문헌   233

부록 3―관련 단체   234

부록 4―함께 보면 좋을 책   237

- 옮긴이의 글
  진정한 세계화를 위한 공정 무역―장윤정   238

NO-NONSENSE

■ 일러두기

1. 인명·지명·작품명은 될 수 있는 한 '외래어 표기법'(1986년 1월 문교부 고시)과 이에 근거한 「편수자료」(1987년 국어연구소 편)를 참조해 표기했으나, 주로 원어에 근접하게 표기하는 것을 원칙으로 삼았다. 단, 국내에 전혀 알려져 있지 않거나 잘못 알려진 경우가 아니라면 이미 널리 알려진 표기법은 그대로 사용했다.

2. 본문에서 읽는이의 이해를 돕기 위해 간단한 설명이나 덧붙이고 싶은 말이 있을 경우에는 괄호 안에 적거나 본문과 다른 모양으로 편집해 넣었다. 단, 옮긴이가 덧붙인 경우 '옮긴이'라고 적었다.

3. 단행본·전집·정기간행물 등에는 겹낫쇠(『 』)를, 논문·논설·단편 제목 등에는 홑낫쇠(「 」)를, 논문 제목·영화·연극·방송 등에는 단격쇠(〈 〉)를 사용했다. 단체 이름에는 작은따옴표(' ')를 썼다.

4. 원서에 있던 본문 주석은 모두 부록으로 뺐다.

5. 이 책에서 쓰고 있는 용어들은 다음과 같다.

    국제 공정 무역 상표 기구(Fair Trade Labelling Organization International, FLO)
    대안 무역을 위한 국제 연합(International Federation for Alternative Trade, IFAT)
    북미자유무역협정(North American Free Trade Agreement, NAFTA)
    다자간 투자협정(Multilateral Agreement on Investment, MAI)
    유엔개발계획(United Nations Development Program, UNDP)
    인간개발지수(Human Development Index, HDI)
    에이시피(Africa, Caribbean, Pacific, ACP)
    공동 농업 정책(Common Agriculture Policy, CAP)
    도미니카 바나나 마케팅 협회(Dominica Banana Marketing Corporation, DBMC)
    다자간 섬유협정(Multifiber Arrangement, MFA)
    대안 무역 기구(Alternative Trading Organizations, ATOs)

추천하는 글

삶을 윤택하게 하는 무역으로 세상을 바꾸자

애니타 로딕(Anita Roddick, 더 바디샵The Body Shop의 창업자이자 공동 대표)

과연 가격이나 이윤 이외에 뭔가 더 본질적인 가치가 존재하는가? 이것이 바로 데이비드 랜섬David Ransom이 그의 저서 《아주 특별한 상식 NN-공정 무역》에서 적절하게 던지는 질문이다. **존 러스킨**은 이미 백여 년 전에 똑같은 문제를 깊이 고찰한 바 있고, 이 질문이 전혀 새로운 것은 아니지만 우리 시대의 중심 논쟁 가운데 하나로 자리 잡고 있다. 이렇게 공정 무역이 중심 논쟁이 된 것은 현대사회에서 기업이 전 세계에 걸쳐 워낙 강력한 힘으로 존재하게 되면서 무역이 차지하는 중요성이 더욱 커졌기 때문이다.

존 러스킨John Ruskin, 1819~1900
영국의 비평가이자 사회 사상가다. 런던의 포도주 상인 집안에서 태어나 청교도적인 분위기에서 자라났다. 유럽을 여행하면서 미술과 문학에 깊이 심취했으며, 낭만파 시인들의 작품에 영향을 많이 받았다. 『근대 화가론』과 『건축의 칠등七燈』, 『베니스의 돌』 등이 대표작으로 남아 있다. 예술 분야에 많은 업적을 남겼으나 1860년대부터 정치경제, 사회경제 분야에서 창조적 사고를 펼쳤다. 자유방임주의 철학에 반대하는 사람들에게 큰 영향을 미쳤다. 전통파 경제학을 공격하고 인도주의적 경제학을 주창했으며, 사회 개혁의 필요성을 목소리 높여 주장했다.

처음 사업을 시작할 때 나는 어머니의 카페를 모델로 삼았다. 어머니의 카페에서 일하는 동안 나는 재정적 이득만이 사업의 전부가 아니라는 사실을 깨달았다. 내게 있어서 사업은 무엇보다도 사고파는 거래 행위에 의한 것이며, 위에서 언급한 대로 그 본질적인 가치를 인정함으로써 진심을 다해 일할 수 있는 것을 의미했다. 덕분에 사업을 하면서도 나는 윤리적인 측면을 외면하지 않을 수 있었다. 뿐만 아니라 서로를 이해하고 아끼는 마음, 인간성의 존중처럼 사업뿐 아니라 우리 삶에도 꼭 필요한 것들을 모르는 체하지 않을 수 있었다.

이런 가르침을 나는 늘 간직하고 있다. 지금 생각해 보면 어머니의 가게는 최근 대두되고 있는 새로운 사업 모델(비록 어려운 조건 때문에 아주 천천히 발전하고 있기는 하지만)을 반영하고 있었던 것 같다. 하지만 불행히도 현재 전 세계를 통해 이루어지고 있는 무역(데이비드 랜섬이 '불공정 자유무역'이라 일컫는)은 위와 같은 것을 전혀 반영하지 못한 채 마구잡이로 일어나고 있다. 19세기에는 여러 집단들이 서로 공정하게 거래를 할 수 있도록 해 주었던 무역이, 이제 와서는 거대하고 부유한 권력 집단의 손으로 넘어가 이들이 거래를 좌지우지할 수 있도록 해 주는 면죄부로 변해 버렸다. 덕분에 힘없는 사람들은 자기 의지와 상관없이 거래 여부에 대한 어떠한 결정권도 갖지 못하게 되었다.

기업이 최저임금과 허술한 환경 규약, 그리고 열악한 상태에 놓여 있어 다루기 쉬운 노동력을 찾아 아무런 규제 없이 국경을 넘나드는 과정에서 문화, 생태계 그리고 인간의 삶은 상상을 초월할 정도로 파괴된다. 이것이 바로 그들이 소위 '경제적 적자생존'이라 부르는 것이다. 하지만 이른바 '자유' 무역을 주장하는 이들이 말하는 '적자適者'는 지구적 규모에서의 시장성과 이윤에 지나지 않으며 따라서 형편없는 해석에 불과하다. 이것은 일종의 파시즘이다. 파시즘이 다윈의 적자생존 이론을 왜곡시키면서 파생된 것과 마찬가지인 것이다.

그들의 논리대로라면 오직 경제적인 '적자'만이 살아남는다. 그것이 사람이든, 공동체든 국가이든 간에 경쟁력이 없는 개체는 그냥 피를 말리며 사라질 뿐이다. 이것은 어떠한 변화도 용납하지 않는 파괴적인 장치이며, 결코 우리가 바라는 세상을 가져다 줄 수가 없다.

내가 이야기하고자 하는 것은 공동체냐 돈이냐를 결정하는 단순한 갈등에 대해서가 아니다. 그것은 바로 공동체, 윤리, 가족 그리고 환경을 아우르는 근본적인 가치 기준 대 오직 돈만이 중요하게 여겨지는 가치 기준 사이의 전쟁인 것이다. 그리고 여기서 내가 어느 편에 속하는지는 자명해 보인다.

바로 이것이 우리 '더 바디샵'에서 좀 더 나은 미래를 위해 '지역공동체 거래'라는 새로운 모델을 건설하는 데 자원을 쏟아 온 이유이기도 하다. 현재 우리는 우리가 기업 활동을 하는 모든 곳에서 소규모 창업을 지원함으로써 지역공동체를 건강하게 유지하는 데 주안점으로 두고 있다. 미국에서 거의 사라져 가고 있는 흑인 가족 농장을 지원하는 것부터 시작해서 새로운 섬유 경제의 구축, 혁신적인 생태 디자이너의 육성, 그리고 직원들에게 공동체를 조직하도록 교육하는 것 모두를 포함한다.

이는 파트너십을 무역의 가장 핵심적인 성격으로 자리매김하는 모델이다. 가나 북부의 타말레Tamale에서 진행된 우리의 프로젝트를 예로 들어 보자. 이곳에서 우리는 13개 마을의 여성들로 구성된 협동조합에서 시 버터Shea butter를 구입해 왔다. 무역은 이 공동체 여성들의 형편을 변화시켰다. 경제 수단이 생기면서 여성들은 아이들에게 책과 교복을 사 줄 수 있게 되었다. 또 아프면 의사를 부르고, 임신했을 때는 산파를 부를 수 있게 되었다. 한때 선택의 여지없이 무조건 작업장으로 내몰렸던 젊은 여성들은 이제 교육을 받고 여러 가지 기회를 가질 수 있게 되었다. 이러한 작은 무역 조합과 함께 일함으로써, 우리는 그 사람들의 삶을 변화시킬 뿐 아니라 이들이 세상을 바라보는 방식을 변화시킬 수 있었다.

하지만 우리 또한 배워야 할 것이 많았다. 우리는 그들의 문화뿐 아니라 금기시하는 것들을 이해해야만 했고, 또한 그들이 무엇을 할 수 있고 무엇을 어려워하는지 등도 알아 나가야만 했다. 우리는 그들의 열정을 이해해 갔으며, 그 결과 우리 모두는 변화할 수 있었다. 이처럼 공동체 무역은 우리 모두를 변화시킨다.

백여 년 전에 존 러스킨은 다음과 같이 썼다. "재물은 허상일 뿐이고 결국 남는 것은 오직 삶뿐이다." 바로 이것이 진정한 근본

• 시 버터—아프리카 특산물인 부티로스페르뭄 종자에서 얻는 황록색 유지로 향기와 맛이 좋아 식용으로 사용된다. 코코아와 섞어서 쓰거나 초콜릿을 만들 때 코코아 버터의 대용품으로 사용하기도 한다. 옮긴이

가치인 것이다. 삶을 해치거나 피폐하게 하는 무역은 결국 세상을 망가뜨리게 된다. 반면 삶을 윤택하게 하는 무역은 세상을 변화시킨다.

그렇기 때문에 나는 데이비드 랜섬의 책이 현재 시점에서 아주 중요하다고 믿는다. 현재 가장 시급하고 중요한 사안 중의 하나인, 더 근본적인 가치에 기반한 무역을 둘러싼 논쟁에 대해 이 책은 아주 결정적인 근거를 제공하고 있다. 이것이 바로 내가 기쁜 마음으로 이 책을 추천하는 이유다.

공정 무역의 탄생

비교 우위

비교 위위 이론의 전개

노예노동

대공황

수출 지향 성장

빚의 구렁텅이

누구에게 권력이 있는가?

자본주의의 시급한 과제

공정 무역의 탄생

코코아를 따라가며

공정 무역, 미래의 대안

Fair Trade

거래에 있어서 어떤 측면이 공정한 것인지는 누가 결정하며, 우리는 그 거래가 어떻게 공정하다는 것을 믿을 수 있는가?
무역에서 이익을 얻는 것은 누구이며, 그 책임은 누가 지는가?

NO-NONSENSE

서장

공정 무역의 탄생

여기서는 국제무역의 역사를 간단히 돌아보고, 어떻게 '자유' 무역과 비교 우위론이 권력을 장악하고 누가 그 대가를 치르고 있는지를 살펴보도록 하겠다. 그리고 여기에서 공정 무역의 역할은 무엇인지를 생각해 보자.

사랑과 전쟁에서 모든 것이 공정하듯, 무역에서도 모든 것은 공정하다. '공정' 무역은 너무나 명백한 명제인 것 같지만 반면에 용어상으로는 모순적으로 들리기도 한다. 누군가 팔 사람이 있어야만 그 물건을 살 수 있거나, 반대로 살 사람이 있어야만 팔 수 있다는 것은 분명하다. 정의에 따르자면 무역은 서로 동의한 성인들 간에 이루어지는 자발적인 교환이므로 공정한 것이다. 반면에 용어상으로 '공정' 무역은 모순일 수밖에 없는 것이, 거래는 인간 사이의 자연스러운 현상인 것 같지만 동시에 시장의 자율적인 조정에 의해 통제되기 때문이다. 다시 말해 누구도 시장의 힘에 저항할 수 없으며, 밀물과 썰물이 바뀌는 것을 어쩔 수 없듯 우리도 변화하는 시장 속에서 그저 위험을 무릅쓰고 거래를 할 뿐이다. 그 안에 도덕성이 비집고 앉을 자리는 전무한 것이다.

이러한 무역의 정의에 대한 믿음은 꽤 오랫동안 지배적인 위치를 고수해 왔다. 하지만 이 논리가 이토록 명백하게 터무니없지만 않았더라도 그러한 위치를 조금 더 연장할 수 있었을지도 모르겠다. 도대체 자신들에게 극대화된 이익을 보장해 주는 '시장'이라는 시스템을 발명해 놓고서도 이는 우리가 어쩔 수 없는 것이라 말하는 이들은 누구란 말인가? 시장과 무역은 인간이 발명한 것이기에 오류가 있을 수밖에 없다. 그럼에도 사람들은 시장에는 오류가 없다고 믿음으로써 실패를 통해 무언가를 배울 수 있는 가능성조차 차 버린 것이다.

그렇다면 도대체 거래에 있어서 어떤 측면이 공정한 것인지 누가 결정하며, 또 우리는 어떻게 공정하다는 것을 믿을 수 있는가? 이 질문에 대한 답은 간단한 두 개의 질문으로 얻을 수 있다. 그 질문은 다음과 같다.

첫 번째는 '과연 누가 이익을 얻는가?' 이고 두번째는 '누가 책임을 지는가?' 다. 첫 번째 질문에 대한 답은 '자유' 무역의 세계에서라면 너무나 당연하다. 바로 이미 부와 권력을 손에 쥐고 있는 사람들인 것이다. 다시 말해 이것은 너무나도 불공정하다. 두 번째 질문에 대한 답은 더욱 간단하다. 바로 아무도 책임지지 않는다는 사실이다. 불공정 거래는 민주주의적 책임과 공존할 수 없는 적이다. 공정 무역은 무엇보다 모두를 이롭게 하기 위한 것이었음에도 전혀 그렇지 못했던 무역이라는 메커니즘을 인간이 다시 통제할 수 있게 하자는 선언인 것이다.

우리가 어떻게 이러한 처지에 이르게 되었는지 그 역사적인 배경을 살펴보자. 영어에서 사용되는 '거래' 혹은 '무역trade'이라는 단어는 상당히 최근에 사용되기 시작했지만, 그 짧은 기간 동안에도 의미는 여러 차례 바뀌어 왔다. 원래 이 단어는 인간의 족적에 의해 만들어진 길이나 자취를 뜻하였다. 14세기를 지나면서 이 단어는 항해로에도 사용되기 시작했다. 이후에는 그 의미가 확장되어 삶의 방식을 표현하는 데까지도 쓰이게 되었다. 지금도 가끔 쓰이긴 하지만 수백 년 전에는 '직업에 종사하다follow a trade'라는 표현을 쓰고는 했다. 여기서 직업이란 주로 직업 서열에서 '전문가'와 '노동자' 사이에 있었던 석공, 재단사, 목수 같은 기능 직종에 적용되는 것이었다. 지금도 거대한 저택이나 아주 세련된 고급 호텔에서는 뒤로 돌아가는 '장인들의 입구trademen's entrance'를 알리는 안내판을 종종 찾을 수 있다. 그러던 것이 20세기에 와서야 비로소 '무역trade'은 이윤을 위한 재화의 교환만을 의미하게 되었다. 예전에는 삶의 방식을 의미하던 단어가 현재에 이르러 돈을 버는 방법의 의미로 변화되는 과정은 '무역'이라는 단어가 우리 시대에 어떻게 잘못 이해되고 있는지를 단적으로 보여 준다.

  보통 정통 경제학에서 흔히 일어나듯이, '자유free'라는 형용사가 '무역trade'이라는 단어와 합해지면서 많은 혼란을 야기하게 된다. 19세기에 산업 자본주의는 유럽 제국주의의 강력한 자금력을 통해 전 세계로 확장되었다. 이러한 확장은 대부분 무력 정복으로 시작해서 잔혹한 폭력을 통해 유지되었다. 그들은 공식적 허가와 이윤 없이는 경쟁 국가나 다른 누구와의 상업적 교류도 금지하는 다양한 '중상주의' 거래 체제를 운영하였다. 당시 대외 무역의 궁극적인 목적은 식민지를 지배하는 스페인, 포르투갈, 프랑스, 영국, 네덜란드 같은 제국들의 통치자를 부유하고 영화롭게 하기 위한 것이었다.

비교 우위

영국에서 산업 자본주의가 점차 부와 권력을 확장시켜 감에 따라, 산업자본가들은 국제무역으로 생겨나는 엄청난 부를 왕족이나 토지를 소유한 특권 귀족을 제치고 자신들이 합법적으로 상속받을 수 있음을 정당화시키는 이론을 필요로 하게 되었다. '비교 우위Comparative Advantage' 이론은 19세기 초반부터 전개되기 시작했는데, 왜 중상주의에 제한받지 않는 무역이 결과적으로 모두 (그리고 우연의 일치인 양 산업자본가 자신들에게도)의 이익을 향상시킬 것인가를 설명하기 위한 것이었다. 이와 함께 자유무역주의자들과 경쟁자 사이에 끊임없이, 풀리지 않는 논쟁이 시작되었고, 이는 비슷한 선상에서 오늘날까지 계속되고 있다.

비교 우위 개념은 영국의 백만장자 증권 브로커이자 사업가인 데이비드 리카도David Ricardo에 의해 처음 주창되었다. 이는 아담 스미스Adam Smith의 '절대 우위absolute advantage' 이론을 보완한 것이다. 비교 우위 이론에 따르면, 세계의 모든 지역은 일종의 경제적 우위를 지닌다. 예를 들어, 19세기 초 영국은 직물 제조 산업에서 우위를 가졌다. 이는 풍부한 석탄 공급과 방적 공장의 기계를 돌리는 증기기관의 생산, 그리고 농지에서 산업 도시로 쫓겨난 사람들에 의해 형성된 풍부한 노동력 덕분에 가능했다. 한편, 미국의 영국 식민지령은 광활한 농경지에 비해 도시 노동력이 부족하였으며, 특히 남부 지역은 면화를 기르기에 최적의 기후를 갖추고 있었다. 따라서 미국의 입장은 면화를 영국으로 보내고, 이 면화에서 생산한 면직물을 영국에서 수입하는 것이 이익이라는 것이다. 두 나라가 각각 모든 공정을 똑같이 수행하는 것보다는 각자 비교 우위에 있는 산업과 '국제적 분업'을 최대한 활용함으로써 더 큰 이익을 얻게 된다는 것이다.

'비교 우위' 이론은 경제적 우위가 국가 간 경제뿐 아니라 한 국가 내 경제에서도 작동한다고 주장함으로써 문제를 좀 더 복잡하게 만들었다. 예를 들어 보자. 영국이 밀과 철을 폴란드보다 싸게 생산하기는 하지만, 철의 비교 우위가 밀의 절대 우위보다 더 크다. 따라서 영국의 입장에서는 밀을 더 효율적으로 생산할 수 있음에도 폴란드에서 수입하는 것이 더 합리적이다. 한편 폴란드는 스스로 철을 생산하는 것보다 그들이 생산한 밀로 영국의 철을 수입하는 비용이 더 저렴하므로 이익을 얻게 된다. 영국도 폴란드가 영국의 철을 구입하기 위한 충분한 밀을 제공하여 순익을 창출하게 되므로 훨씬 나은 거래가 성립되는 것이다. 이러한 방식으로, 국제무역은 모든 국가의 경제 효율성을 극대화하는 방향으로 작동한다는 것이다. 이 모든 것은 실제로 증명하기는 힘들지만, 누가 이야기하느냐에 따라 상당한 설득력을 지니게 되는 이론이었다.

비교 우위 이론의 전개

비교 우위 이론의 문제는 이론의 시작부터 생겨났는데, 그 까닭은 데이비드 리카도가 이 개념을 처음으로 주창한 것이 아니기 때문이다. 제인 마싯Jane Marcet은 화학에서 철학까지 다양한 주제에 대한 여러 권의 교과서를 저술했을 뿐 아니라 특히 여학생과 그들의 스승간의 가상적 '대화Conversation'를 쓴 것으로 잘 알려져 있다. 리카도가 『정치경제와 조세의 원리Principles of Political Economy and Taxation』를 출간하기 일 년 전, '캐롤라인'과 'B 부인' 사이의 대화 형식을 띤 비교 우위론에 대한 더 완성된 이론을 갖춘 마싯 부인의 『정치경제에 대한 대화Conversations on Political Economy』라는 책이 발행되었다. 말할 것도 없이, 그녀의 성과물은 폭넓게 인식되지 못한 채 사라져 갔고 리카도의 공헌만이 남아 있다. 이처럼 경제학적 교조주의 또한 다른 분야와 마찬가지로 편견(이 경우 여성의 열등함과 증권 브로커의 우월함이라는 형태로)에 사로잡혀 있다.

비교 우위를 논할 때 누군가가 취하는 관점은 대개 그가 어떤 부류의 입장을 대변하는가에 따라 달라진다. 예를 들어, 당시 야심 찼던 미국 자본가들은 비교 우위론의 단점을 여러 가지로 지적할 수 있었다. 원자재인 면화보다 면직물에서 더 많은 이윤이 창출된다는 것은 잘 알려져 있었다. 산업 제조 과정에서 '가치'가 더해지면 원자재인 면화에 비해 면직물에 훨씬 높은 가격이 붙는 것이다. 만일 방적 공장이 영국이 아닌 미국에 있었다면, 미국인들은 이윤과 고용을 통해 이러한 가치를 획득할 수 있었을 것이다. 제국주의 영국에서 비교 우위론은 영국의 방적 공장 소유자들을 더 부유하게 만드는 대신 미국의 면화 생산자들은 상대적으로 빈곤하게 만들었다. 이에 대해 미국 자본가들은 분개하기 시작했다. 이건 도대체 공평하지가 않은 것이다. 이러한 불공평한 조건은 결국 미국 독립전쟁의 토대가 되었고, 결과적으로 미국 자본주의라는 거대한 괴물(물론 데님과 같은 면직 상품도 함께)이 해외로 진출해 세계를 깜짝 놀라게 만들었다.

노예노동

미국 남부의 면화 농장이 노예노동에 의해 재배되었음은 물론이다. 수백 년간 노예무역은 다른 무역과 똑같이 존재하고 있었는데, 다른 점이라고는 그 어떤 무역보다 많은 이윤을 남긴다는 것이었다. 미국 면화 산업가의 관점에서는, 노예제도는 자신의 우위를 유지시켜 주는 것으로 인식되었을 것이다. 노예제도가 없었다면 그들은 진작 문을 닫았을 것이다. 당시 자유로운 노예제도는 오늘날의 자유무역 제도만큼이나 강력하게 옹호되었다. 하지만 신진 산업자본가들의 공장은 도대체 노예제도에 의존하여 운영하기가 불가능했다. 노예제는 농촌이나 농경 산업 아래서는 큰 수익을 낼 수 있었지만, 산업화된 도시처럼 필요에 따라 손쉽게 고용하거나 해고할 수 있는 노동력이 필요한 곳에서는 맞지 않는 제도였다. 노예제는 산업혁명이 요구하는 다른 재화와 마찬가지로 손쉽게 거래되는 '자유노동 시장'을 제공하지 못했던 것이다. 그리고 이것은 결국 산업자본가들이 자기 이익을 위해 미국 남북전쟁을 일으키게 되는 근본 이유 중 하나가 된다.

대공황

한편으로 정통 경제학설을 부나 권력, 사리사욕 같은 성향에서 분리하는 것은 거의 불가능하다. '자유' 무역이 과연 무엇인지를 생각하면 할수록, 그것이 지금껏 한번이라도 존재했다거나 앞으로 존재할 것이라는 생각이 얼마나 터무니없는가를 깨닫게 될 것이다. 이에 대한 가장 분명한 증거는 다름 아닌 자본주의가 주기적으로 빠져드는, 불황이라는 현상이다. 지금껏 있었던 최악의 불황 사례는 바로 두 차례 세계대전 사이에 일어난 1930년대의 대공황이다. 이때는 마치 자본주의 체제 자체가 몰락할 지경에까지 이른 것으로 보였다. 오늘날의 자유무역주의자들은 무엇이 잘못되어 그런 일이 일어났는지에 대해 다음과 같이 분석한다. 각국 정부가 자국의 산업을 공황에서 지키기 위해 외국의 경쟁 기업들에게 높은 관세를 매기면서 결과적으로 국제무역을 둔화시켜 공황이라는 몰락을 일으키게 되었다는 것이다. 이 같은 해석은 이후, '보호주의론'에 대해 굉장히 부정적인 인상을 심어 주게 되었다.

이보다 좀 더 일반적인 해석은 1930년대 국내 경제 활동(특히 대규모의 실업 사태)에 대한 정부의 나태한 대응과 오늘날 자유 시장의 '세계화'에 직면한 각국 정부가 보여 주는 무기력한 모습이 비슷하다고 지적한다. 어쨌든 미국 자본주의는 1940년대에 들어서야 회복할 수 있었는데, 이는 오로지 고용 프로그램에 대한 정부의 전폭적인 지원과 제2차 세계대전 덕분이었다. 하지만 이러한 요소들은 소위 스스로 복원하는 메커니즘을 갖는다는 자유 시장의 특성과는 관계가 먼 것이었다.

1930년대와 1940년대에 걸쳐 이와 같은 경험을 거친 뒤, 1950년대와 1960년대에는 라틴아메리카를 포함한 아프리카와 아시아 내 유럽 식민지의 신흥 독립국들을 산업화하려는 의식적인 노력들이 수행되었다. 이렇게 함으로써 새로운 국가를 설립해 산업 상품을 위한 국제시장이 확대되어 모두에게 이익을 줄 수 있을 것이라 생각한 것이다. 한편 개발도상국에서는 정부 주도로 '수입 대체 전략'이 실행되었는데, 이는 관세 장벽을 통해 자국의 발전 초기 단계의 취약한 산업이 외국과 경쟁해서 정착하도록 지원하는 것을 그 내용으로 했다.

이러한 시도는 일본이나 동남아시아의 작은 호랑이라 불리는 홍콩, 싱가포르, 타이완, 한국 같은 나라에서는 성공적이었다. 이 나라들은 수입 장벽으로 보호받아 자리 잡게 된 자국 산업을 바탕으로 '수출 지향' 경제를 표방하였고, 세계시장을 대상으로 한 상품을 생산하기 시작했다. 하지만 아프리카와 라틴아메리카 같은 다른 지역에서는 같은 시도들이 실패로 돌아갔는데, 이는 막대한 정부 지원금을 소모하면서 국내시장에만 관심을 기울이다가 결국 도산해 버렸기 때문이었다. 이러한 상황에도 국제무역과 세계경제는 의심할 여지없이 사상 전례가 없는, 성장의 '황금시대'를 맞이하고 있었다.

수출 지향 성장

1970년대에 이르면서 수입 대체 전략이 실패했다는 사실은 너무나 분명해졌다. 이에 더하여 1989년 소비에트연방의 붕괴는 자유 시장주의자들에게 더욱 확고한 신념을 주는 계기가 되었다. 무엇보다도, 이젠 자유 시장이 예전에 그랬던 것처럼 붕괴한다 하더라도 그에 맞설 경쟁자나 대안이 없어지고 만 것이다. 작은 호랑이들의 성공에 기반한 '수출 지향' 경제성장이 유행처럼 전 세계를 휩쓸기 시작하였다. 이러한 방식의 경제성장의 기본 개념은, 세계경제는 개별경제보다 빠르게 성장하기 때문에 '세계시장'을 위해 생산하는 것이 가장 효율적이고 이익이 되는 길이라는 것이다. 규제 완화가 시작되면서, 정부가 경제에 개입함으로써 얻을 수 있는 효용성은 완전히 부정되었다. 이러한 실험의 결과는 주요 주창자들인 은행과 다국적기업들에게 상당히 만족스러운 것이었다. 반면 1997년에 작은 호랑이 국가들에게 닥친 경제 위기 이래로 그 결과는 다른 이들에게 장밋빛 미래로만 다가오지는 않았다.

개발도상국의 많은 나라들은 예전과 마찬가지로 세계시장에서 면화 같은 기초 상품 생산에 온전히 의존하고 있다. 세계무역에 대한 그들의 경험은 터무니없이 참담했는데, 이는 다음과 같은 이유에 기인하였다. 가장 빨리 재산을 벌거나 탕진하는 방법 중 하나는 세계 상품 시장에 투기 매매를 하는 것이다. 서리 때문에 브라질의 커피 수확을 망친다든지, 전쟁 때문에 잠비아에서 구리 공급이 중단된다든지, 혹은 투기꾼들이 은 시장을 매점하는 등 이러한 모든 사건들은 급격한 가격 변동을 유발하게 되어, 엄청난 이윤을 얻거나 큰 손실을 입게 만드는 것이다. 그러한 효과는 런던, 뉴욕, 시카고의 상품 시장 안팎으로 순환하는 대규모 자금에 의해 배가된다. 세계 통화 시장에는 이보다 훨씬 큰 규모의 투기성 자금이 돌아다니고 있다. 따라서 가장 안전한 재정 자문은, 돈을 잃고 싶지 않다면 무슨 일이 있어도 상품 시장을 피하라는 것이다. 그럼에도 이러한 손실을 감당하기 힘든 가난한 나라일수록 생존을 위해 세계 상품 시장에 강력히 종속되어 있다. 이러한 상태를 바라보면 마치 경제적 광기가 그 한계에 이른 것처럼 보이기도 한다. 하지만 불행히도 정통 경제학은 그 이상의 광기를 요구하고 있다.

빚의 구렁텅이

많은 나라들이 이러한 세계 상품 시장의 투기성 때문에 현재 엄청난 부채에 시달리고 있으며, 부유한 채권자들에 의해 '구조 조정' 프로그램을 강요당하게 된다. 이 프로그램은 한 국가나 국민을 회사나 기업과 같이 해산시킴으로써 문제를 해소할 수 없다는 사실 때문에, 변형된 형태의 파산 경영의 모습을 띠고 있다. 무

NO-NONSENSE

세계무역기구의 기원

제2차 세계대전이 끝나가면서, '네버 어게인never again'의 정신이 국제 관계 전반에 걸쳐 급속도로 퍼져나갔다. 이것이 1945년 국제연합(UN)의 창설을 이끌었다. 그 본래 목적은 후에 세계은행World Bank과 국제통화기금(International Monetary Fund, IMF)으로 발전된 재정 기관을 포함하여 국제연합에 소속된 보조 기관들을 설치하는 것이었다. 국제무역기구International Trading Organization에 대한 계획도 있었다.

그러나 막강한 경제사업 이해 관계자들은 경제 기관을 정치 기관에서 분리하는 데 성공하였다. 소비에트 '블럭'을 제외한, 단지 서방 선진국 23개국만이 참여한, 한 단계 수준을 낮춘 관세 및 무역에 관한 일반협정(General Agreement on Tariffs and Trade, GATT)이 1948년에 체결되었다. 이 협정의 목적은 일련의 협상 테이블을 통해 무역 분쟁을 해소하는 것으로, 최근의 협상은 1987년 우루과이의 호화로운 휴양지 푼타 델 에스테Punta del Este에서 진행되었다.

관세 및 무역에 관한 일반협정이 소위 '우루과이 라운드'에서 도달한 협정의 한 가지는 관세 및 무역에 관한 일반협정 자신을 임시 기관에서 적절한 기구, 혹은 세계무역기구(World Trade Organization, WTO)로 이전해야 한다는 것이었다. 무엇보다도, 관세 및 무역에 관한 일반협정은 그 결정을 집행할 어떠한 위력이나 공식적 수단이 없었다. 1989년 이후 소비에트연방의 몰락은, 중국이 여전히 문제 국가로 남아 있음에도 수많은 잠재적 새 회원국을 창출하게 했다. 한편 세계화의 진행은 제재와 벌금이라는 무기로 자유 시장의 가치를 수행할 진정한 세계적 기관의 전망을 열어 놓았다.

1995년, 마침내 세계무역기구가 관세 및 무역에 관한 일반협정의 전승 기구로 설립되었다. 그로부터 무역 협상은 시장의 단일한 통화, 즉 현금 가격으로 진행된다. 환경과 인권에 영향을 주는 '과정'상의 문제들은 특별히 제외된다. 세계 대다수 국가들이 현재 세계무역기구에 가입해 있으며 이론상 동등한 발언권을 가지고는 있으나, 대부분의 많은 나라들은 의사를 표현하는 것조차 감당하기 힘들어 한다. 몇몇 힘 있는 나라들이 일상적으로 자신들 임의로 결정을 내린다. 이러한 가치에 대한 첫 번째 중대한 도전은 1999년 시애틀에서 있었던 세계무역기구 회의에서였는데, 이로 인해 대규모의 '밀레니엄 라운드' 계획을 위한 협상이 연기되어야만 했다.

엇보다 구조 조정 정책은 채무자들이 빚을 갚을 수 있는 외화를 확보하기 위해, 손댈 수 있는 상품은 무엇이나 수출하도록 요구한다. 게다가 수많은 채무자들이 동시에 똑같이 이 같은 처방을 받기 때문에 예측 가능한 상품의 과다 공급이 세계적으로 일어나게 되고, 그 결과 가격은 폭락하게 된다. 바로 이것이 이 프로그램의 궁극적인 목적인 것이다.

여기서의 승자는 다름 아닌 투기 자본가, 은행, 기업, 그리고 개발도상국에서 값싼 상품들로 인한 낮은 인플레이션의 혜택을 받는 선진국의 모든 이들이다. 여기서 패자는 세계 환경(재생 불가능한 소중한 자원들이 훼손되고 무모하게 낭비되므로)과 빈곤이 한층 가중된 가난한 사람들이다. 이처럼 자유무역은 세계 대다수의 사람들이 속해 있는 개발도상국의 입장에서 바라보았을 때 그다지 이득이 되는 것이 아니다. 결국 여기서 우리는 어떤 종류의 우위는 다른 것보다 훨씬 강력하다는 것을 알 수 있다.

21세기에 들어선 현대사회에서 국제무역은 20세기 초반과는 매우 다른 양상을 보인다. 유럽 제국들은 거의 소멸한 대신, 그 자리에 대부분이 미국에 위치한 제멋대로의 기업 자본이 건설한 단일 제국이 들어서 있다.

이와 관련되어 중대한 변화들이 나타나고 있다. 전 세계 대부분의 제조업 관련 산업이 선진국에서 값싼 노동력이 있는 개발도상국으로 옮겨 갔다. 멕시코와 중앙아메리카, 필리핀과 인도네시아, 중국과 인도, 그리고 파키스탄과 모로코를 포함해 세계에서 인구 밀도가 가장 높은 지역에서 운영되는 수출 가공 무역에서는 수백만 명이 19세기 유럽이나 미국에서나 있었을 법한 생활환경과 비슷한 조건에서 살면서 일하고 있다. 고된 생산직 노동이 개발도상국으로 이동하면서, '후기 산업', '포스트모던' 혹은 '정보화' 경제가 선진국에서 떠오르고 있다. 현실에서는 물건들이 여전히 제조되고 있지만, 권력과 부는 산업 노동자들에서 선진국의 기라성 같은 기업과 자본가의 손으로 넘어가고 말았다. 세계 인구의 대부분을 차지하는 개발도상국 사람들에게 새천년은 과거로 점차 후퇴하는 것을 의미한다.

시장의 권력은 누구에게 있는가?

그렇다면 이러한 대격동에 휘말린 모든 사람들에게 현재 가장 시급한 쟁점은 무엇인가? 그것은 바로 그러한 속박에 어떻게 저항할 수 있는지, 혹은 더 나아가 어떻게 저항해야 할 것인가 하는 점이다. 오늘날 우리 사회에서 대부분의 민주주의적 갈망은 중앙정부나 지방정부에 초점이 맞추어져 있음에도, 이들 기관 대부분의 결정은 미국의 지원을 받는 다국적기업에 의해 이루어진다.

이러한 기업들은 세계 '자유' 무역의 가장 강력한 지지자들로, 세계무역의 3분의 2를 독점하고 있으며(자국 내 무역보다 비중이 훨씬 더 크다.) 현재와 같은 방식으로 경제를 유지하고 싶어 한다. 그들이 생각하는 '자유'는 우리가 일반적으로 이해하는 그런 의미가 아니라, 단지 그들의 이익을 위해 지속되어야 하는 어떤 것에 불과하다.

NO-NONSENSE

무역의 가격 조건

국제무역의 핵심은 무역이 이루어지는 '가격 조건'이다. 각국은 수출로 외화를 벌어들여 그것으로 다른 재화를 수입한다. 예를 들면, 한 나라가 쌀을 수출하고 석유를 수입할 때 세계 쌀 가격이 절반으로 떨어지거나 유가가 두 배로 뛴다면 그 나라는 같은 양의 석유를 수입하기 위해 두 배의 쌀을 수출해야 할 것이다. 이런 현상이 일어나면 '무역의 조건'이 '악화'되었다고 일컫는다.

여기서 중요한 것은 쌀 가격뿐 아니라, 쌀 이외의 다른 모든 재화의 가격이 관련이 있다는 점이다. 이것이 바로 커피 원두나 광석 같은 원자재를 수출하는 나라들이 지니고 있는 문제다. 이는 단지 커피 원두를 가공한다거나 광석을 금속으로 전환하며 생기는 '부가 가치'가 원자재 수출국에게 돌아가지 않는다는 문제에 국한되지 않는다. 진짜 문제는 시간이 지남에 따라 전 세계적으로 일차 상품 가격이 공산품에 비해 대체로 하락하는 경향을 보여 왔다는 사실이다. 따라서 일차 상품을 수출하고 제조품을 수입하는 나라는 어떻게든 곤경에 처하게 될 가능성이 높은 것이다.

바로 이와 같은 문제가 바로 세계의 몇몇 가장 가난한 나라, 특히 아프리카의 여러 나라에 닥친 현실이다. 이런 현상이 일어나면 이상한 일들이 벌어지는데, 예를 들어 곡물이 유일한 수출품인 어떤 국가가 세계 곡물 가격이 하락함에 따라 자국 식량이 부족함에도 계속 더 많은 곡물을 수출할 수밖에 없는 상황이 발생하는 것이다. 이에 따라 자국 내의 식량 사정은 더욱 악화되고 굶주린 국민을 위한 곡물은 오히려 가격이 상승하게 되는 것이다. 그럼에도 종종 '필수재'로 수입되는 상품은 오히려 자동차나 가전제품같이 부유층에게만 필요한 것들인 경우가 많다. 이런 식으로 무역 조건이 악화되면 대다수 국민들의 삶의 질은 낮아지고, 가난한 사람들의 비율은 높아진다.

그러나 문제가 되는 것은 이처럼 실제로 존재하는 재화의 교환과 같은 무역에서만 발생하는 것은 아니다. 일차 상품 수출은 늘어가는 외채를 갚기 위해 사용되기도 한다. 따라서 가난한 나라에서 수출은 늘어나는데도 부는 증가되지 않는 현상이 나타나는 것이다. 이런 현실은 어떻게 해도 빠져나올 수 없는 수렁과 같다. 가난한 사람들에게서 부를 빼앗아 그것을 더 부유한 사람들에게 준다는 것만이 이러한 상황의 일관된 원칙인 것이다.

아프리카의 무역 조건

이 그래프는 1997년부터 1998년까지 2년 동안 아프리카의 무역 상황이 어떻게 악화되어 왔으며, 이러한 악화가 이 지역 사람들의 실제 수입에는 얼마나 영향을 미쳤는지 보여 준다. 그래프의 수치는 1996년을 기준(0)으로 1997년과 1998년의 변화를 의미한다.

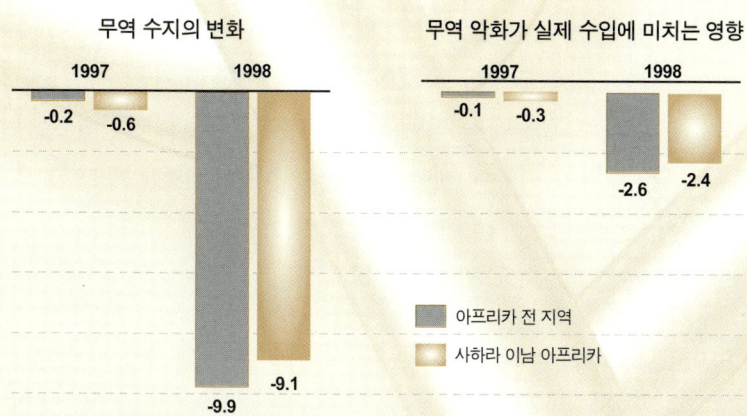

▶출처—Human Development Report 1999, UNDP.

역설적으로 이들은 자유무역을 이루어 내기 위해 정부에 크게 의존한다. 그들은 공적 자금을 통해 정부에게 여러 가지 지원을 받는데, 이는 다음과 같은 다양한 형태를 띠고 있다. 정부 지원 보조금, 금융 지원(특히 은행들에 의한), 세금 우대, '장려금', 사업을 위한 자금, '외교적' 지원과 상업적 정보활동, 공적 자금으로 진행되는 과학 연구, 정부 산하 계약, 신용 보증, 세계무역기구와 같은 국제기구의 '순찰' 업무, 교육되고 훈련된 온순한 노동력, 그리고 도로, 항구, 공항 같은 시설이 바로 그것이다. 이 같은 공적 지원의 양상은 '이 사회의 기생충'이라는 비아냥이, 빈약한 복지 혜택에 의존하는 시민들보다는 위에서 언급한 대기업들에 더 잘 어울린다는 것을 입증하는 것이다. 이에 대한 대가로 기업들은 부유한 나라의 경우에는 정당에 정치 자금 형태로, 가난한 나라에서는 부패한 권력층에 대한 후원(이 경우 훨씬 저렴한 비용으로)으로 정치적 영향력을 획득하게 되는 것이다.

자본주의의 시급한 과제

여기서 짚고 넘어가야 할 문제는 무역에 관여할 필요가 있는가, 바람직한가가 아니라, 어떤 방식의 관여가 있어야 하는가이다. 다시 말해 무역의 '규제' 혹은 '규제 완화'가 문제가 아니라, 무역이 인간을 위한 도구인가 아니면 인간을 지배하는 주인인가에 대한 문제인 것이다. 비록 이 문제에 관한 사람들의 관심이 적은 것 같지만, 이 관심은 점점 더 커지고 있다. 세계 인류의 다수가 직면한 시급한 과제들임이 너무나 명백하기 때문이다.

그 첫 번째는 불평등이다. 재화의 풍요는 현실로 나타나고 있는 듯하지만, 이것은 오로지 전 세계 인구의 소수에게만, 기껏 해야 20퍼센트의 인구에게만 가능한 것이다. 통제되지 않는 자본주의 사회의 부는 끊임없이 축적되기 때문에, 빈익빈 부익부의 현상은 점차 가속화된다. 이러한 명백한 불평등이 날마다 심화되는 사회에서 민주주의는 번성하기는커녕 생존하기도 힘겹다.

두 번째는 자본주의자들의 부의 본질에 관한 것이다. 예를 들어, 지구 온난화와 기후변화는 이미 우리가 직면한 실질적인 문제이며, 이에 대응하지 않는 한 우리의 후세는 머지않아 종말을 맞이하게 되리라는 사실을 우리는 모두 알고 있다. 그럼에도 주류 정통 경제학은 이에 대해 마땅한 대응책이 없다고 주장한다.

공정 무역의 탄생

비록 작은 규모로나마 지난 30여 년간, 지금까지와는 다른 형태의 무역이 가능하다고 확신하는 사람들이 시작한 운동이 조금씩 알려지고 있다. 이 새로운 무역 방식이 개발도상국의 가난한 일차 상품 생산자들을 위해서 작동할 수 있을 것인가? 생산 과정을 민주화하고, 공동 소유권을 보장하며, 노동조합이 장려되며, 아동노동이 필요가 없는데다가 환경의 지속 가능성과 인권까지 보장하는 것이 가능할 수 있을 것인가? 소비자들로 하여금 현재 필요하다고 느끼는 수준보다 더 많은 비용을 감수하도록 할 수

NO-NONSENSE

소비 욕구

어떤 종류의 소비냐에 따라 불평등의 정도도 달라진다. 곡물처럼 기본적으로 소비되는 필수품은 대개 모든 세계 사람들에게 비슷하게 소비된다. 하지만 어류나 육류 같은 고단백 음식들은 그 소비 양상이 부유층과 빈곤층을 비교했을 때 덜 공평하다. 더 나아가 전기나 전화, 종이 따위의 소비는 부유층에게 더욱 집중되어 있다. 극단적인 예를 하나 들자면, 세계의 상위 20퍼센트가 전 세계 자동차의 90퍼센트를 소유하고 있다. 전 세계 총 소비 지출의 80퍼센트는 세계 인구의 20퍼센트에 의해 이루어진다.

환경 비용의 관점에서 바라보면 이러한 불균형 분포는 더욱 심각한 지경이다. 이는 부유층이 소비하는 재화가 석탄이나 금속처럼 환경에 더 큰 영향을 미치는 재료를 더 많이 사용하기 때문이다. 전 세계의 사람들이 미국 수준으로 자동차를 소유하려 했다면 아마 오래 전에 인류는 멸망하고 말았을 것이다. 결국 이 문제의 핵심은 미국이나 선진국의 자동차 보유에 있으며, 후진국에서 더 큰 희생을 요구하는 것으로 해결될 성질의 것이 아니다.

'부'는 소비의 독재화를 창출하는 경향이 있다. 더 '진보된' 기술이 개입될수록 부유층과 빈곤층, 공평함과 불평등 간의 차이는 점차 심화된다. 세계 인구의 다수는 아직 전화기를 사용해 본 적이 없다는 사실에서도 이는 드러난다. 그렇다고 내가 기술의 진보에 반대한다는 것은 아니다. 단지 어떤 기술이 얼마나 유용한지 가릴 수 있는 척도가 보편적인 인류의 복지에 얼마나 기여하는가에 따라 결정된다는 점을 이야기하고 싶은 것뿐이다.

하지만 분명한 것은, 부가 관심을 받고 더 공평하게 공유될수록 그 부는 더욱 지속 가능하게 되며, 또 그 반대도 사실이라는 점이다. 그리고 공정 무역은 바로 이런 과정에서 세계무역이 담당하는 역할(그것이 좋든 나쁘든 간에)과 연관되어 있는 것이다.

세계 소비의 분포(1995년)

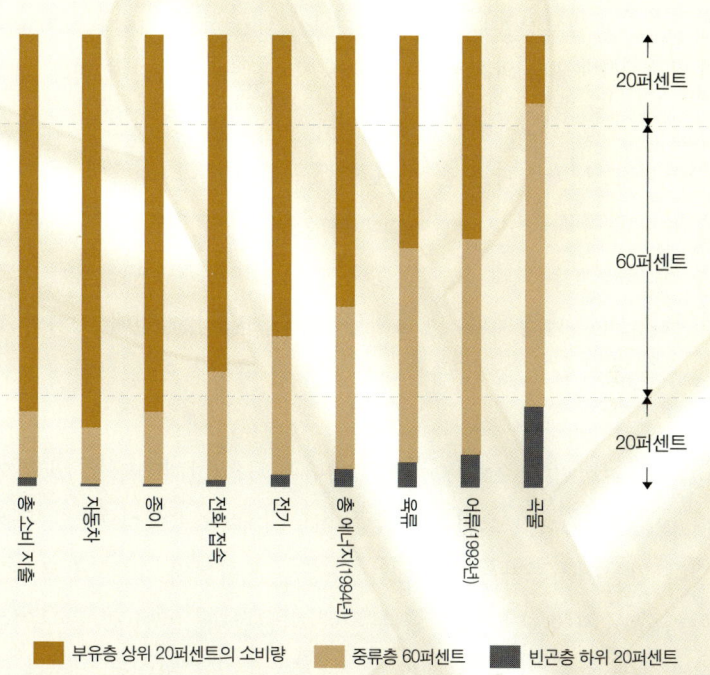

부유층 상위 20퍼센트의 소비량 　중류층 60퍼센트 　빈곤층 하위 20퍼센트

▶출처―Human Development Report 1999, UNDP.

있을 것인가? 전통적 시장구조에 저항하면서도 그 속에서 살아남고 번창하는 것이 가능할 것인가? 가격과 이윤 외에 뭔가 다른 더 본질적인 가치가 존재하는가?

공정 무역이라는 개념은 새로운 것이 아니다. 현재의 공정 무역은 세계화의 과정과 함께 발전되었다. 1970년대 이후, 구호 기구들과 그 관련 단체들은 선진국에서 대두하기 시작한 '이국적ethnic' 생활 용품과 장식품에 대한 기호를 만족시키기 위해 개발도상국의 공인工人들과 함께 일했다. 대안적인 소매 아울렛 또한 들어섰다. 니카라과 같은 곳과 함께 하는 연대 사업 등은 개발도상국의 전통적 일차 상품의 교역을 통해 공정 무역에 대한 인식을 제고하는 동시에 자금 조성 방편으로 이용되었다. 최근 공정 무역은 대형 매장이나 잘 계획된 광고로 다양한 열대 지역의 생산품을 취급함으로써 '주류' 시장에 더 다각적으로 침입해 보려 한다.

이런 여러 방식으로 불공정한 자유무역은 현재 심판을 받고 있다. 이것은 우리가 소비하는 물품이 도대체 어떤 방식으로 누구에 의해 만들어지는가를 알아내는 과정을 포함한다. 기존의 무역은 이러한 증거에 대한 우리의 무지에 의존한다. 반면 공정 무역이 우리에게 주는 가장 큰 가치 중 하나는 우리로 하여금 일상에 대해 좀 더 관심을 가지고 관찰하며, 흥미롭지만 때때로 우리를 부끄럽게 하는 현실을 비판적으로 바라보도록 해 준다는 사실이다.

이 책《아주 특별한 상식 NN-공정 무역》은 일반적으로 받아들여지는 것보다 공정 무역을 좀 더 넓은 의미로 언급하는데, 이는 대안의 씨앗이 종종 애초에 생각했던 것보다 더 커다란 무엇으로 발전하는 경우가 있다는 점을 감안해서다. 현재 세계적인 규모에서 새로이 발생하기 시작한 경제적 혼돈에 대해 이론가들이나 학자들이 보낸 관심은 미미한 수준이다. 이는 지금껏 공정 무역에 대한 중요한 문헌이 아주 드물다는 사실에서도 드러난다. 반면, 그러한 '담론' 의 거창한 측면과는 달리, 우리의 일상생활 속에서는 공정 무역을 발전시키기 위한 여러 가지 대안 상품과 후원의 기회가 존재한다.

하지만 이러한 노력이 쓸모없는 짓이라고 생각하기는 매우 쉽다. 사람들은 이 강력한 '전 지구적 현실' 에 적응하여 세계시장에서 경쟁하는 방법을 배우지 않는다면 결국 실패한 인생을 살게 되지 않겠는가? 그렇다면 이런 노력은 결국 무의미한 것이 아닌가? 하지만 너무나 당연히, '대안은 없다' 고 누군가가 우리에게 이야기한다면, 상식적으로 우리는 이에 대해 어느 정도 의심을 해 보아야 한다. 이는 누군가가 우리로 하여금 그 문제에 관련된 이성적 고찰이나 정치적인 해석, 그리고 그에 대한 대안을 회피하게 하려는 의도에서 나온 것일 가능성이 높기 때문이다. 여기서 우리가 내세울 수 있는 하나의 대안은 무역이 거치는 경로를 자세히 살펴보고, 또 이 책에서 언급되는 여러 사람들의 힘겨운 이야기를 들어 보는 것이다.

일단 제1장에서 우리는 멕시코라는 한 나라가 북미자유무역협정(NAFTA)에 가입하는 중요한 시기에 발생하는 일을 살펴보기로 한다. 멕시코는 미국 국경에 접하고 있는 유일한 개발도상국이라는 점에서 아주 상세하게 묘사하려고 한다. 우리는 1994년 새해 바로 전날 치아빠스Chiapas의 남쪽 주에 위치한 커피 생산자들을 방문했다. 이날은 특히 그 이후 지금까지 전 세계에 걸쳐 광범위하게 전개되는 세계화 반대 운동이 시작된 날이라는 점에서 더욱 중요한 의미가 있다.

제2장에서는 페루 남동 지역의 까페딸레로cafetalero, 즉 커피 농부들을 만나게 된 이야기를 하도록 하겠다. 여기는 다름 아닌 커피 원두가 세계시장을 향해 떠나는 멀고 험한 여정의 출발지인 것이다. 이 여정을 따라가면서 우리는 '국제무역이 환경에 미치는 영향'이라는 문제가 끊임없이 발생하게 된다는 것을 아마존의 상류인 탐보파타Tambopata 강 계곡의 사례를 통해 발견하게 될 것이다.

코코아를 따라가며

제3장에서 우리는 페루를 떠나 코코아 원두 수출에 정부 수입을 포함한 거의 모든 필수품의 공급을 의존하는 나라인 가나로 이동한다. 가나는 국제통화기금(IMF)과 세계은행에 의한 구조 조정 프로그램에 휘말려 있는 상태다. 공정 무역 조합이 약간의 변화를 가져오기는 하였지만, 이러한 과정을 통해 이익을 얻었어야 하는 코코아 농부들에게 남겨진 것은 거의 없다.

바나나는 여러 나라와 전쟁에 언급된다. 제4장은 현재 여러 중앙아메리카와 카리브 해 국가에서 진행 중인 '바나나 전쟁'에 관한 이야기다. 과테말라의 대규모 플랜테이션과 도미니카(윈드워드 제도▪의 하나)의 작은 농장들이 세계화의 최고 재판소인 세계무역기구에게 전하는 예상치 못한 교훈에 관한 이야기다. 세계무역기구가 사실상 노예노동과 광적인 환경 파괴를 조장하고 있다는 사실을 밝히고 있다. 이 같은 전쟁의 소용돌이 속에서 완벽한 형태의 공정 무역을 통해 유통되는 유기농 바나나를 발견하리라고는 상상도 하지 못할 것이다. 하지만 도미니카공화국에서는 그것이 현실로 실현되고 있는 중이다.

선진국에서 개발도상국으로 제조업이 옮겨 감에 따라, 기존의 전통적인 일차 상품을 넘어서는 다양한 물품들이 공정 무역의 대상으로 떠올랐다. 청바지는 소비자 자본주의뿐 아니라 '미국적'인 것을 단적으로 나타내는 상징적 의미를 지니고 있지만, 이의 생산에 관련된 무역은 전 지구에 걸쳐 파괴적인 양상을 나타내고

▪ 깊이 읽기

윈드워드 제도

윈드워드 제도의 하나를 일컫는다. 서인도 제도, 소小앤틸리스 제도의 남부를 차지하는 제도들이다. 그레나다 섬, 도미니카 섬, 세인트루시아 섬, 세인트빈센트 섬 등으로 구성되어 있다. 영국 식민지였으나 1966년 각각 자치권을 획득하였으며, 그 이듬해에 북쪽의 리워드 제도와 함께 서인도연합주를 결성하였다. 그 후 그레나다는 1974년, 도미니카 연방은 1978년, 세인트루시아와 세인트빈센트는 1979년에 각각 독립하였다. 두산세계대백과 참조. 옮긴이

NO-NONSENSE

공정 무역의 척도

선진국의 공정 무역가들에게는 공동의 기준에 동의하고 이를 시행해야 할 필요성을 확신시키는 것이 쉬운 일일 수 있다. 그러나 이러한 작업들은 매우 세심하게 이루어져야 한다. 개발도상국의 생산자들이 초기 단계부터 개입하지 않는 한, 공정 무역은 소비자의 생산자에 대한 지배가 다른 형태로 나타나는 것일 뿐이다.

전 세계 대부분의 공정 무역 단체가 속한 두 개의 주요 '호위' 그룹이 있다. 공정 무역 상표 기구(Fair Trade Labelling Organization, FLO)는 독일 본에 본부를 두고 있으며, 공정 무역 상표의 숫자를 점차 증가시키고 있다. 최근에는 생산자와 더 가까운 연계를 발전시키고 있다.

대안 무역을 위한 국제 연합(International Federation for Alternative Trade, IFAT)은 145개의 공정 무역 조직이 형성한 국제적 네트워크로, 그들 대부분은 47개국의 생산자들로 이루어져 있다. 이 조직은 회원제로 운영된다.

'공정 무역 상표 기구'와 '대안 무역을 위한 국제 연합'은 각각 다른 기능을 가지며, 따라서 약간 다른 기준을 갖는다. 모든 회원이 반드시 모든 기준을 준수하지는 않으며, 두 조직 모두 회원에 대한 직접적인 영향력을 행사하지는 않는다. 그러나 동료 그룹들의 압력은 상당한 영향을 미친다.

다음은 공정 무역의 몇몇 공동 원칙들이다.

▶민주적 조직—생산자들은 그들이 일하는 토지를 소유하고, 협동조합 혹은 민주적 연합, 또는 특정 환경에 적합한 다른 방식으로 조직되어 관리를 수행할 수 있어야 한다.

▶인정된 무역 조합—소유권이 타인에게 이전되어 있는 곳에서는, 공정 무역을 위해 일하는 노동자들은 자유무역 조합을 통해 조직하고 협상할 권리를 갖는다.

▶아동노동의 금지—아동노동이 종종 제시되는 것보다 훨씬 복잡한 문제이기는 하지만, 아동노동은 공정 무역과 모순되는 것이다.

▶적절한 노동조건—위의 측정 수단들이 양호한 노동조건과 임금 지불을 창출하도록 하지만 이러한 조건을 항상 확실히 할 필요가 있다.

▶환경적 지속 가능성—공정 무역은 점차 환경 친화적으로 되어 가고 있다. 이는 유기농 음식과 같은 환경 친화적 생산품 가격이 전반적으로 좋아지고 있기 때문이기도 하지만, 주요하게는 생산자들 자신이 이를 선호하기 때문이다.

▶생산 비용을 포괄하는 가격—이는 세계 상품 가격과 상관없이, 최소 가격 보장을 제공하는 것을 의미한다.

▶조건을 향상시키기 위한 사회적 프리미엄—공정 무역은 일반 상거래와는 다르다. 따라서 많은 경우 초과 이윤은 개별 생산자들에게 직접적으로 가기보다는 집합 프로젝트를 위해 그들의 조직으로 지급된다.

▶장기적 관계—구입을 위한 특정 계약을 넘어서 연장하고, 상호간 동의한 조건들이 맞는다면 좀 더 장기간의 서약에 관여할 수도 있다. 이것은 생산자(이들이 미래에 대한 확신을 가질 수 있도록)와 공정 무역 구매자 양자에게 중요한 것으로, 가격이 높고 공정 무역에 대한 필요성이 낮은, 경기가 낮은 해에도 공급이 가능할 수 있다.

있다. 제5장에서는 수많은 유행 상표와 함께 끝없는 선택을 제공할 수 있다고 자신만만해 하는 소비자 자본주의의 실상이, 사실은 청바지 한 가지 상품조차 차별화할 수 없음을 보여 줄 것이다.

제6장에서는 가나에서 생산된 코코아가 영국의 초콜릿 대기업으로 어떻게 흘러가게 되는지를 살펴보기로 한다. 가나의 코코아 농부 고또 아사모아 세레부르Koto Asamoah Serebour가 살펴본 경로를 따라 코코아가 어떻게 공정 무역의 유통 경로로 들어가게 되며, 어떻게 농부들에게 더 나은 거래 조건을 제공할 수 있는지 확인한다. 이 경우에도 여전히 대부분의 코코아는 이상하게 조작된 입맛으로 무장된 소비자들에 크게 의존하지만, 최소한 상당히 바람직한 대안이 가능하다는 점을 시사한다.

공정 무역, 미래의 대안

이 책의 일화들은 『뉴 인터내셔널New Internationalist』 잡지에 지난 십여 년 동안 실었던 글을 모은 것이다. 코코아 관련 기사는 토론토에 있는 동료 리처드 스위프트Richard Swift가 제공한 것이다. 나머지는 저자 본인이 작성한 것인데, 일부는 차후에 새로운 내용으로 바꾸기도 하였다. 하지만 대부분의 글에는 내가 원하는 만큼 수정을 가하지는 못했다.

이 책이 결론적으로 말하고자 하는 요점은 결국 무역의 본질을 돌아보자는 데 있다. 무역은 인류의 삶을 풍요롭게 하기도 하지만, 반면에 소수의 사람들에게만 이익을 돌리고 그 외의 수많은 사람들을 빈곤하게 하는 무의미한 것일 수도 있다. 지리적으로 멀리 떨어져 있음에도 서로에 대해 끝없는 헌신과 신뢰를 바탕으로 하는 공정 무역은 언제나 비교 우위의 원칙에 반할 수밖에 없으며, 따라서 이는 체제 전복적인 것으로 비춰지게 된다. 하지만 주류 경제학 관념이 스스로의 지배적인 위치를 지키는 동시에 무언가 잠재성이 있는 대안을 무자비하게 뭉개 버릴 수 있는 가장 쉬운 방법은, 바로 그 가능한 대안이 우리와 아무런 상관없는 것처럼 보이게 하는 것이다. 내가 이 책을 통해 할 이야기들은, 그것이 얼마나 터무니없는 일인지를 보여 주게 될 것이다.

1 멕시코, 경종을 울리는 사례

NO-NONSENSE

북미자유무역협정을 준비하며
공장 안의 풍경
저항이 시작되다
새로운 시장
커피 농장에서

FAIR TRADE

북미자유무역협정은 멕시코의 커피 농부들에게 어떤 영향을 주었는가?
멕시코의 커피 농장 농부들에게 공정 무역은 왜 중요한 의미를 지니는가?
그들이 북미자유무역협정의 회오리를 피해 갈 수 있었던 까닭은 무엇인가?

NO-NONSENSE
01

멕시코, 경종을 울리는 사례

국제무역이 어떻게 한 나라 전체에 영향을 미치게 되는가? 이 장에서는 북미자유무역협정을 통해 미국이 남쪽 국경에 바로 인접한 나라인 멕시코에게 한 약속과는 달리 실제로 어떤 일이 일어나게 되었는지 알아본다. 또 치아빠스의 커피 농부들이 '자유' 무역과 공정 무역을 어떻게 바라보는지도 살펴보기로 한다.

평균적인 멕시코 사람들은 극심한 가난이나 부유함과는 거리가 멀다. 전통적인 경제 측정 방법에 의한 멕시코의 '일인당 국민총생산'에 의하면 그렇다는 것이다. 이는 한 나라 전체의 부를 전 인구로 나누어 평균화한 값을 보여 주는 것이다. 하지만 문제는 멕시코의 부가 전 인구에 걸쳐 균일하게 분배되어 있지 않다는 사실이다. 멕시코에는 세계에서 네 번째로 많은 억만장자들이 살고 있다. 전 멕시코에 걸쳐 불과 서른다섯 가족이 멕시코 1천5백만 명의 가난한 국민들이 갖고 있는 것에 상응하는 부를 갖고 있다. 앞에서 언급한 평균화된 부가 아니라 바로 이러한 사실이 멕시코가 가진 특징을 더 잘 나타내 준다고 할 수 있다.

불공정한 국제무역은 상대적으로 가난한 나라에서 상대적으로 부유한 나라로 부를 이동시킨다. 이에 더해 불공정 무역은 개별 국가 내에서도 빈곤층에서 부유층으로 부를 이동시키며, 이러한 현상은 점점 가속화되고 있다. 모든 형태의 정부(지방정부, 지역 정부 혹은 중앙정부, 게다가 그것이 민주적이든 비민주적이든 간에)는 시장의 힘과 '국제 공동체'의 울타리를 벗어나 자유무역의 규칙을 왜곡하지 않는 한 형평성을 유지한다거나 환경을 보호할 수 없다고 강요당한다.

하지만 공정 무역은 고립되어서도 살아남을 수 있는 그런 시장 환경을 가리키지 않는다. 이 무역은 현재의 정통 경제와 맞서지 않는 한 앞으로 발전할 수 없는 것이다. 공정 무역이 가능한 이유는 그것이 굉장한 생각에서 비롯되었기 때문이라기보다는 가난과 불평등에 직접적인 영향을 미치기 때문이다.

북미자유무역협정을 준비하며

1993년 9월, 나는 잡지에 쓸 기사의 자료 조사를 위해 멕시코를 방문했다. 당시 멕시코, 미국, 그리고 캐나다 정부는 북미자유무역협정 협약에 대한 마무리 작업을 하고 있었다. 표면적으로 이 협약은 국가 간 무역 장벽을 제거함으로써 세 나라 모두에게 혜택을 주는 것이었는데, 1994년 1월 1일부터 시행할 예정이었다. 멕시코는 이제 저렴한 노동력이 풍부하다는 비교 우위를 마음껏 이용하게 될 것이고, 이미 아주 부유한 몇몇 멕시코 인들은 더욱 많은 부를 축적하게 될 것이었다.

멕시코 내에서 북미자유무역협정 협약에 대한 전반적인 분위기는 상당히 고무적이었다. 멕시코 정부는 미국 의회에서 북미자유무역협정이 통과할 수 있도록 하기 위해 그 어떤 로비스트보다 더 많은 돈을 워싱턴에 뿌렸고, 이 협약이 가져올 긍정적인 효과에 대한 신념 또한 날로 강해졌다. 멕시코는 지리적인 위치로 인한 속박을 깨고 자신들이 애초부터 속해 있어야 했다고 믿는 선진국 대열에 들어갈 만반의 준비를 하고 있었던 것이다. 멕시코시티의 중앙당사에서 제도혁명당(the Institutional Revolutionary Party, PRI)의 대변인 로베르따 라호우스 Roberta Lajous는 멕시코 정부의 무역협정에 대한 계획이 얼마나 야심찬 것이었는가를 나에게 설명했다. 그녀는 "나는 멕시코 전체를 유럽으로 이동시켜야 한다고 생각한다. 사실 멕시코를 살펴보면 지중해에 아주 잘 들어맞게 생겼다."고 했다. 멕시코는 영원히, "신과는 너무 멀리 떨어져 있고, 미국과는 너무 가까이 있다."는 속담이 지닌 신랄함이 어느덧 사라지려고 하고 있었다.

● 제도혁명당 — 1929년에 창당한 이래 65년 동안 장기 집권을 누리면서 사실상 일당 통치를 해 왔으며, 1997년 7월 총선에서 과반수 의석 확보에 실패하면서 일당 지배가 붕괴되었다. 옮긴이

하지만 물론 회의론자들도 있었다. 멕시코 민주혁명당(PRD)의 경제학자 이피헤니아 마르띠네스Ifigenía Martinez는 "이렇게 부패한 시스템은 결코 지속될 수 없을 것이다. 이처럼 극소수만의 이익을 위해 고안된 시스템은 도저히 지속될 수 없다."고 말했다. 하지만 그 같은 입장은 대통령 선거를 앞둔 당시 상황을 고려했

을 때 세계에서 가장 오래된 견고한 체제에 대항하는 반대 세력이 내세울 수 있는 흔한 비판에 불과한 것처럼 보였다.

그렇다 하더라도, 내가 시우닷 후아레스Ciudad Juárez에서 본 현실을 제도혁명당의 장밋빛 환상과 끼워 맞추기는 어려웠다. 시우닷 후아레스는 리오그란데Rio Grande 강을 놓고 미국 쪽의 엘 파소El Paso와 붙어 있는 무질서하게 개발되어 가는 멕시코의 사막 도시다. 시우닷 후아레스는 값싼 노동력을 사용해 가동되는 수출 전용 공장인 마낄라도라maquiladora를 중심으로 번성한 도시인데, 이 공장들이야말로 멕시코시티가 공식적으로 표방하던 장밋빛 미래를 대변하는 것이었다. 나는 지역 매춘부 조합의 도움으로 네덜란드의 거대 전자 회사인 필립스의 텔레비전을 생산하는 한 공장에 가까스로 들어가 볼 수 있었다.

공장 안의 풍경

나는 당시에 다음과 같이 썼다. "나는 두 개의 컨베이어벨트가 꿈틀거리는, 깔끔하고 어두운 동굴 같은 집으로 들어갔다. 그곳에는 마치 여왕 벌레 양쪽으로 백여 명의 여성이 색색으로 된 앞치마를 두르고 앉아 여왕 벌레를 보살피는 것 같은 광경이 펼쳐져 있었다. 여왕 벌레는 한 쪽 끝으로는 여러 부품들을 먹어 삼키고 다른 한쪽으로는 텔레비전이 들어가 있는 상자들을 마치 네모난 알처럼 토해 내고 있었다. (…) 이것은 누구나 다 할 수 있는 단순한 일인 까닭에 가능하다면 그 누구도 선택하지 않을 일일 것이다. (…) 여기서는 아무도 꾸물거리지 않는다. 사람들 간의 관계도, 대화도 존재하지 않는다. 휴식 시간에 음식을 제공하던 구내식당은 최근에 그곳에서 음식을 먹은 직원 두 명이 식중독으로 사망한 이후로 버려져 있었다. 우리는 근무 교대를 앞두고 있는 일부 여자 직원들과 말할 기회를 가졌다. 앞치마를 하고 있는 그들은 그저 어린아이들처럼 보였다. 그들 중 몇몇은 실제로 아주 어렸다. 여러 여자 직원들은 울기 직전처럼 보였다. 그중 하나가 말했다. "나는 그저 자고 일어나면 일만 해요. 딴 일을 도대체 할 수가 없어요." 그들은 이런 식으로 일주일에 30달러를 받고 일하고 있었으며, 어떤 불평도 할 수 없었다. (…) 이들의 젊은 인생은 상처받고 있었다. 물질적으로, 정서적으로, 신체적으로, 그리고 영구적으로 말이다. 이는 형용할 수 없이 저속한 형태의 착취다. 그 어떤 '세계화의 헛소리globaloney'로도 정당화될 수 없는 일인 것이다."

• 세계화의 헛소리— '세계화'라는 의미의 'globalization' 과 '헛소리' 라는 뜻의 'baloney'를 합성해 세계화의 허구성을 꼬집은 용어다. 이 용어는 1943년 헨리 월리스 미국 부통령이 즐겨 쓰던 '글로벌한 사고' 라는 말을 공박하기 위해 1943년 미국의 클레어 부스 루스 의원이 만들어 냈다. 이후 마이클 베셋Michael Veseth의 책 『세계화의 헛소리Globaloney』 등에서 수사적인 세계화 개념에 대한 비판적 용어로 사용되고 있다. 옮긴이

저항이 시작되다

멕시코시티는 그 규모가 세계에서 가장 큰 도시이자 환경오염이 가장 심각한 도시이기도 하다. 이 도시의 여러 시민단체나 노동조합과 이야기할 기회를 가지게 된다면 대부분의 사람들은 아마도 아주 비슷한 인상을 받을 것이다. 거대

한 중앙광장인 소깔로Zócalo는 그 한편에 세워져 있는 대통령 궁에 청원하기 위해 전국 곳곳에서 찾아온 무단 점거자들이 피우는 나무 연기로 가득 차 있었다. 하지만 대통령 궁은 평소에 아무도 거주하지 않는 곳이라 그 광경이 바로 당시 멕시코의 정치적 상황을 적절하게 드러내고 있었다.

나는 남쪽으로 여행을 계속하면서 모든 사람들이 북미자유무역협정 협약을 지지하는 것은 아니라는 인상을 점점 더 강하게 받기 시작했다. 마침내 나는 멕시코시티 사람들에게 '미치광이' 주州라고 불리는 치아빠스에 도착했다. 치아빠스 인구의 대부분이 원주민들인데, 이들은 멕시코 다른 지역 사람들보다는 동쪽으로 접하고 있는 과테말라 사람들과 오히려 가깝다. 독립기념일(멕시코는 1812년에 스페인에서 독립하였다. 옮긴이)인 9월 15일, 나는 치아빠스 산 높은 곳에 위치한 식민지 시절 수도인 산 끄리스토발 데 라스 까사스San Cristóbal de las Casas에서 열린 축하 행사를 관람하였다. 일반 대중을 상대로 한 이 행사의 연예인들은 모두 멕시코 다른 지역에서 불러온 외부인들이었다. 이 도시 주변의 언덕에서는 모닥불이 별처럼 반짝이는 것을 볼 수 있었는데, 이 지역 원주민들이 도시에서 벌어지고 있는 축제를 내려다보고 있을 것이었다. 하지만 그들이 축하 행사에 전혀 참석을 안 했다는 점에서 오히려 모두 등을 돌리고 있었던 건지도 모른다.

멕시코 인구의 약 3분의 1인 3천만 명이 여전히 농사를 지어 생계를 유지하고 있다. 그러나 이는 50년 전에 이 나라 전체에 살았던 인구보다도 많은 수다. 멕시코는 식량을 자급할 수 있는 사정이 되지 못했다. 멕시코시티에 가 있는 하버드 경영학과 졸업생들은 이 해답을 비교 우위에서 찾아야 한다고 말한다. 다시 말해 미국에 열대 과일을 팔고 대신 옥수수를 싸게 사면 된다는 것이다. 하지만 미국에서 수입되는 옥수수 가격과 경쟁이 되지 않는 멕시코의 8백만 소농들은 생존할 길이 없었다. 그들은 원하든 원치 않든 도시로 이주해 조립 공장에서 일해야만 했던 것이다.

"여기에서는 '현대적'인 산업 농업 방식은 적절하지 않아요." 호세 후아레스 바렐라José Juarez Varela가 과테말라 국경 근처의 라스 마르가리따스Las Margaritas에 있는 그의 사무실에서 말했다. 그는 산림 농촌 공동체 조합Union de Ejidos de las Selva에서 일했다.

"우리에게는 아무런 기반 시설이 없어요. 도로나 통신 시설, 기술 지원도 없고, 게다가 도시 시장은 멀리 떨어져 있거든요. 여기 땅은 손상되기가 아주 쉬운데다가 대부분 산악 지형이어서 기계화에 적당한 곳이 아니에요. 1910년에 시작된 혁명에 이어진 농업 개혁조차 여기에서는 늦게 이루어졌어요. 1950년대가 되어서야 사람들은 대규모 사유지 농장인 핑까finca를 떠나기 시작했고, 노예 상태에서 벗어나 공동 농장인 에히도(ejido, 국가 소유의 땅이지만 개인 점유가 가능하고 자식들에게 상속도 가능한 땅을 지닌 농민들이 함께 운영하는 농장이다. 옮긴이)를 건설했죠. 그들은 산속으로 들어가 그들이 그때껏 길러 오던 바나나, 옥수수, 커피 따위의 작물이라면 어떤 것이든 닥치는 대로 기르기 시작했어요."

새로운 시장

여러 에히도가 모여 조합을 형성하기 시작했다. "우리는 많은 것을 배웠고 좋은 시간을 보낼 수 있었죠." 호세가 말했다. "그러나 그렇다고 해서 생계를 꾸려 나갈 수 있을 만한 형편이었던 것은 아니었어요." 조합은 위기에 봉착했다. 몇몇은 포기하고 싶어했다. 호세를 비롯한 몇 명이 작은 그룹을 이루어 새로운 아이디어를 찾아 전국을 돌아다녔다. 북쪽으로 이웃한 오하까 주州에서 그들은 네덜란드의 막스 하벌라르Max Havelaar라는 공정 무역 상표를 위해 커피를 생산하는 농부들을 만났다.

돌아오는 길에 그들은 막스 하벌라르를 포함한 특수한 수출 시장을 위한 커피 생산을 시작하기로 결심했다. 이것은 중개상인을 거치지 않고 높은 품질의 커피를 제공하는 대신 더 나은 가격을 보장받게 된다는 점에서 커피 구매자들과의 관계가 크게 달라진다는 것을 의미했다.

조합은 오래된 면화 창고를 구입해서 그것을 커피 창고와 공장으로 전환시켰다. 대부분의 생산물은 여전히 기존의 시장으로 가고 있었지만, 1989년의 세계 커피 가격의 폭락 동안 조합이 살아남을 수 있었던 것은 다름 아닌 바로 이 공정 무역의 덕분이었다. 내가 방문했을 무렵 조합은 영국의 트윈 트레이딩Twin Trading과 카페다이렉트Cafédirect, 그리고 미국의 몇몇 특수 커피 거래상을 위한 생산을 막 시작하고 있었다.

NO-NONSENSE

값싼 노동력과 멕시코의 공장들

1960년대 중반 이후로 멕시코를 비롯한 여러 중앙아메리카 나라에서 '수출 공정' 조립 공장들에 대한 새로운 열광이 일어났다. 지정된 지역들은 무역을 관장하는 일반적인 잡다한 규제들을 벗어나, 원자재나 부품들을 수입해 미국으로 상품을 수출하였다. 전 세계에서 이러한 공장들이 번창한 것은 세계화 뒤에 있는 원동력의 하나였다. 대부분의 공장들은 다국적기업이 소유하고 있거나 그들에게 상품을 공급하기 위해 계약된 곳들이었다. 대부분의 무역은 같은 회사 내의 여러 계열사들 간에 이루어진다.

지리적 접근성 때문에 미국 경계에 위치한 멕시코 공장들의 고용 규모는 1992년 경 거의 5십만 명가량으로 급속히 늘어났으며, 오늘날에는 거의 3백만 명에 이르고 있다. 지난 몇 년간 공장들은 미국 국경을 중심으로 분포해 있으며 멕시코 고산 지역의 많은 원주민 인구를 고용하기 시작하였다. 가장 큰 단일 분야는 운송(대부분 자동차에 의한 운송)이고, 그 다음이 전자와 직물 분야다.

이러한 공장들을 설립하는 중요한 이유는 의심할 여지없이 그들이 고용할 수 있는 값싼 노동력 때문이다. 조야한 조립 작업은 간단한 기술과 최소한의 교육만으로 충분하다. 젊은 여성들은 그들이 임신만 하지 않았다면 이러한 작업에 특히 적합한 것으로 간주되었다.

조직화된 노동은 언제나 금지되었다. 미국의 많은 노동자들은 그들의 임금 수준과 이처럼 자신들의 일자리를 빼앗는 불안정한 고용 상태가 미치는 영향에 대해 불만을 토로했다. 하지만 이러한 불만에 대해 기업들은 일자리가 절대적으로 필요한 수백만 명의 멕시코 인들을 위한 고용을 증가시켰다며 변명한다. 노동조건이 극도로 안 좋더라도 시간이 지나면서 개선될 것이라고 그들은 핑계를 댈 것이다.

실제 멕시코 전반에 걸쳐 이러한 공장들에 고용된 노동자 숫자가 늘어나면서 임금 수준은 급격히 떨어졌는데, 특히 1982년의 경제 위기(당시 전 세계에 적용된 '구조 조정' 모델의 검증으로 나타난) 이후로 더욱 심각해졌다.

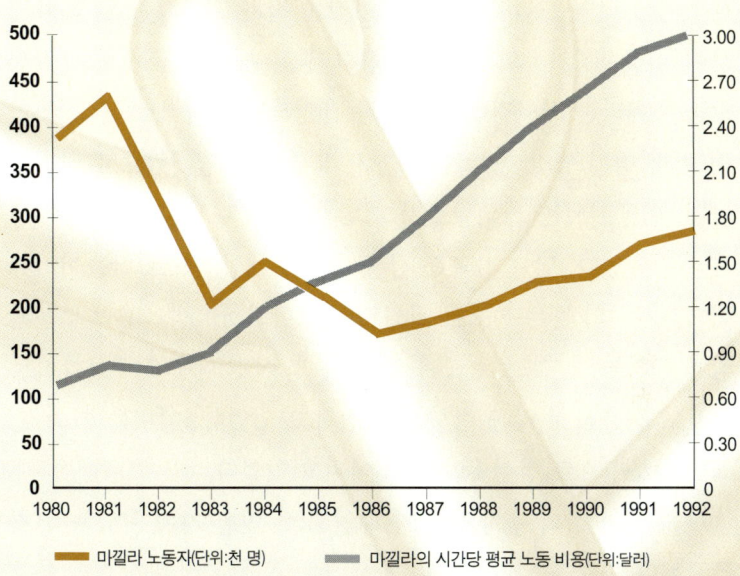

멕시코 공장의 시간당 노동 비용과 고용 성장

마낄라 노동자(단위:천 명)
마낄라의 시간당 평균 노동 비용(단위:달러)

▶출처―Harry Browne and Beth Sims, Runaway America, Resource Center Press, Alburquerque, New Mexico, 1993.

커피 농장에서

다음날 우리는 매우 낡은 도로를 따라 그 곳에서 가장 가까운 커피 에히도인 끄루스 델 로사리오Cruz del Rosario로 이동했다. 우리는 마을에서 얼마 떨어진 곳에서부터 트럭의 경적을 세 번이나 울리며 우리의 도착을 알렸다. 이것은 점차 고조되는 긴장과 더불어 이곳을 찾는 외부인들이 항상 좋은 의도만을 가지고 있지 않을 것이라는 회의적인 분위기를 반영하는 것이기도 했다. 우리는 여러 명의 농장 농부들을 만나 계곡 아래 열대림으로 내려갔는데, 이곳에서는 커피나무가 다른 커다란 나무의 그늘 아래서 자라고 있었다. 땅은 가파른 경사 때문에 계단식으로 만들어져야 했다. 흙 속의 돌은 손으로 골라서 옮겨야만 했다. 이곳 농부들은 점차 유기농 방식으로 전환함에 따라 그 어떤 살충제나 화학비료조차도 사용하지 않는 방향으로 변하고 있었다. 퇴비는 가축 분뇨와 나뭇잎으로 정성 들여 만들어지고 있었다.

나는 이런 식의 추가 노동이 과연 그럴 만한 가치가 있는 건지 궁금했다. "우리는 우리의 미래 세대를 위해 이런 방식으로 일하고 있어요." 나에게 농장을 보여 주던 시릴로Cirilo가 말했다.

바로 이것이 개발도상국에서 내가 처음으로 목격한 공정 무역의 사례였다. 나는 비록 아주 소수일지라도 그들의 커피를 더 사게 하도록 그곳의 일을 반드시 기사화하겠다고 얘기했다. 우리 모두가 대기업과 똑같은 사고방식을 갖고 있는 것은 아니라고 강조하면서. 나는 공정 무역 기업 막스 하벨라르와 트윈 트레이딩이 거기서 하고 있는 무역이 아주 중요한 일이라는 것에 전혀 의심의 여지가 없다고 생각한다. 조합원들은 그들이 자신들과 진정한 협력 관계를 형성하고 있다고 생각했다. 비록 작은 규모이기는 했지만, 공정 무역이 없었다면 이 사람들의 생활은 훨씬 더 어려웠을 것이었다.

1994년 1월 1일, 북미자유무역협정 협약에 때맞춰 치아빠스에서 일어난 반란은 오늘까지도 계속되고 있다. 우루과이의 위대한 작가 에두아르도 갈레아노는 이 반란을 놓고 '세계에서 가장 거대한 농성'이라 일컬었다. 하지만 그들은 별것도 아닌 치아빠스의 지역 문제와 위대한 북미자유무역협정과의 연결 고리를 찾으려 했다는 이유로 조롱당하게 된다.

일 년여가 지난 후 나는 라스 마르가리따스 조합 사무실에서 봤던 호세 후아레스 바렐라를 런던에서 다시 만나게 되었다. 바렐라는 자신들이 대단히 어려운 시기를 겪고 있다고 말했다. 반란은 그들의 일 년치 커피 수확이 날아가는 것을 의미했다. 이것은 보통 엄청난 일이 아닌 것이다. 게다가 조합은 그들의 커피를 판매하면서 자신들이 일하는 방식에 대한 일반인들의 인식을 높이기 위해 멕시코시티의 괜찮은 동네에 '라 셀바La Selva'라는 카페도 열어 놓은 상황이었다. 이처럼 반란을 겪으면서 빚어진 혼란뿐 아니라 무엇보다 자신을 끊임없이 괴롭히는 멕시코 군대로부터 자신을 지켜 준 것이 다름 아닌 공정 무역이라는 것을 실감하며 그 중요성을 재차 확인하는 상황이었다.

한편 멕시코는 그 후 일 년이 채 지나지 않아 굉장히 어려운 재정적 재난에 봉착하게 되었다. 긴축 재정 프로그램이 수백만 명에게 강요되면서 사람들이 모아 놓은 재산은 그 가치가 곤두박질쳤고, 임금은 삭감되었으며 수많은 사람들이 직장을 잃게 되었다. 이것은 북미자유무역협정과 관련해 여러 사업을 펼치던 멕시코 은행들이 수렁에서 무사히 빠져나올 수 있도록 도와주기 위해서 취한 조치들의 결과였다. 하지만 세계시장을 목표로 한 농업 생산을 위해 무리한 융자를 받아 가며 투자했던 수많은 소농에게는 혜택이 전혀 주어지지 않았다.

이 같은 과정을 통해 시우닷 후아레스 또한 마찬가지로 결국 마약과 관련된 대규모 범죄 조직의 잔혹한 전장으로 전락해 버렸다. 이런 현실은 내게 까를로스 살리나스Carlos Salinas를 떠올리게 했다. 그 유명한 하버드에서 수학하고 그 누구보다도 멕시코에게 가장 유익한 것이 무엇인지에 대한 강한 신념을 가졌던 그는 결국 북미자유무역협정 조약에 서명을 했지만, 그가 있어야 했던 소깔로 궁에서 지내지도 않았을 뿐더러 현재 여러 혐의로 도피 생활을 하고 있다. 남동생은 암살되었지만 살리나스 자신은 그가 집권했을 당시 마약 사업의 뒤를 봐주며 이루어 놓은 거액의 재산을 여전히 쥐고 있다는 사실에는 의심의 여지가 없다. 제도혁명당은 결국 2000년 대통령 선거에서 코카콜라 회사의 중역으로 활약했던 사람에게 권력을 내놓게 된다. 이처럼 멕시코는 자유무역의 현실을 무엇보다도 잘 나타내는 사례다.

NO-NONSENSE

북미자유무역협정의 모든 것

북미자유무역협정은 미국 대통령 조지 부시George Bush, 멕시코 대통령 까를로스 살리나스, 그리고 캐나다 수상 브라이언 멀로니Brian Mulroney에 의해 1991년 6월, 텍사스의 산 안토니오San Antonio에서 열린 회의에서 제안되었다. 이것은 북아메리카와 남아메리카를 아우르는 일련의 지역 자유무역 협정의 부분으로 이루어졌다.

북미자유무역협정은 1994년 1월 1일에 마침내 그 효력을 발생하였다. 이것은 자유무역의 '왜곡'을 풀고 무역 분쟁을 해결하기 위한 규칙들과 함께 포괄적 무역 자유화를 위한 조항으로 이루어졌다. 이 협정은 다음과 같은 여섯 개 분야를 포함한다.

▶ **시장 접근성**—멕시코, 캐나다와 미국 간 평균 관세는 이미 낮아졌으나 미국과 캐나다에는 높은 관세 장벽이 멕시코 수출품에 대해 남아 있었다.

▶ **무역 규칙들**—벌금과 '반 덤핑(잉여 재고를 처리하거나 경쟁자를 압박하기 위해 시장 가격 이하로 판매하는 행위)' 의무법이 부과되었다.

▶ **서비스 무역**—재정과 교통을 포함한 폭넓은 범위의 상업적 서비스에 대한 규제 완화.

▶ **해외 투자**—다가오는 전 세계적인 다자간 투자협정(Multilateral Agreement on Investment, MAI)에 대응하여, 북미자유무역협정은 모든 해외 투자를 위한 '국내 대처 방안'을 제공한다.

▶ **지적 소유**—주로 미국과 캐나다의 기업들이 소유하고 있는 특허를 멕시코에서 보장하기 위한 방안이 시행된다.

▶ **분쟁 조정**—이것은 노골적으로 국가의 내정에 도전하는 성격의 제재와 벌금의 부과라는 내용을 포함하기 때문에 협상 사안 중 가장 논쟁이 되었던 영역이다. 사실상 투자, 지적 소유와 서비스 등에 대한 중요한 양보가 멕시코에서 이루어지게 된다.

2 페루의 커피 산업

NO-NONSENSE

새로운 시작

커피 산업

커피나무

커피 수확하기

건조 과정

커피 가격에 좌우되는 삶

훼손되기 쉬운 환경

커피 유통이 시작되는 곳

라디오로 들려오는 커피 가격

알티플라노를 향해 가다

수출 등급 매기기

FAIR TRADE

페루의 커피 농장 사람들은 어떻게 살고 있을까? 세계 여러 나라의 사람들이 점점 더 많은 커피를 소비하고 있는데도 커피 원두를 생산하는 농부들은 여전히 힘겹기만 한 까닭은 무엇인가?

NO-NONSENSE
02

페루의 커피 산업

페루와 볼리비아의 국경에 위치한 탐보파타 강 근처 커피 농부들의 삶은 어떤 모습인지를 살펴보도록 한다. 이들이야말로 커피 무역의 첫 번째 단계에 위치해 있는 사람들이다. 또 커피 원두는 어떻게 생산되며, 왜 커피를 재배하는 농부들의 사정이 나아지지 않는지를 알아본다.

만약 무역을 길이라고 생각한다면, 공정 무역은 그 길이 연결해 주는 사람들과 그 길 위로 여행하는 사람들에 해당할 것이다. 어떤 길이든 양쪽 방향으로 다니는 사람의 수가 비슷해야지, 그렇지 않으면 결국 사용되지 않아 버려지게 될 것이다. 하지만 커피처럼, 일반적인 개발도상국의 일차 상품과 연관된 무역은 이와 크게 다른 모습을 보인다. 엄청난 양의 커피 원두가 선진국의 소비자들에게 보내지지만, 개발도상국의 커피 농부들에게 되돌아가는 이익은 보잘것없는 수준에 불과하기 때문이다.

여기서 재미있는 사실을 하나 발견하게 된다. 만약 무엇인가의 가치가 그에 얼마나 많은 관심과 보살핌이 기울여졌나에 의해 결정된다고 가정할 경우, 커피 원두의 대부분은 커피를 기르고, 수확하고, 세척하고, 말려서 발송하는 커피 농부들에게 돌아가야 할 것이다. 내가 방문한 이곳은 커피 열매가 발효하면서 내뿜는 향기로 그득하다. 커피 원두 한 알 한 알이 소비되기까지 수없는 농부의 손길이 거쳤을 것이라는 데는 의심의 여지가 없다. 농부의 손을 떠나고 나서는 아마도 그것을 만지기는커녕 제대로 바라봐 주는 사람도 거의 없을 것이다. 하지만 손길을 덜 거칠수록 더 많은 부가가치가 붙는 게 현실이다. 지금 내가 전혀 다른 두 가지 종류의 사람들에 대해 이야기하고 있다고 생각할지도 모르겠다. 즉 하나는 눈과 손, 그리고 발을 갖고 직접 노동을 하는 부류이고, 다른 하나는 신비로운 힘과 초현실적인 능력으로 결과물의 이득을 챙기는 부류라고 말이다.

언제부터인가 커피는 공정 무역 생산품 중 가장 빠른 속도로 자리 잡아 가고 있다. 이제는 그 규모가 제법 커져서 기존 시장에 영향을 미칠 정도가 되었다. 여러 가지 면에서 커피는 다른 재화와 비교했을 때 이상적인 공정 무역 상품의 하나로 꼽히기도 한다. 그 이유는 제조 유통 과정에 들어가는 첨가물이 거의 없어 다른 상품과 비교했을 때 상대적으로 단순한 공정만을 필요로 하는 '순수' 일차 상품이기 때문인데, 이로 인해 공정 무역을 실현하기가 더 수월한 것도 사실이다. 커피의 경우 소규모 생산자에 의한 생산량이 상당한 비중을 차지하고 있다. 소농들 대부분은 자기 땅을 소유하고 조합을 통해 함께 도우며 일하고 있는데, 이것은 공정 무역의 가장 기본적인 조건 중 한 가지다. 이에 더해 세계 커피 시장의 수요자들은 점점 무미건조하고 천편일률적인 블렌드 커피를 떠나 와인 수요자들처럼 그 성향이 다양하고 까다로워지고 있다. 사실 이는 부분적으로는 선진국에 만연한 식품의 안정성에 대한 공포를 반영하는 것이기도 하지만, 또한 공정 무역의 효과로 볼 수도 있을 것이다.

"지금껏 살아오면서 어떤 변화들이 있었나요?" 나의 질문에 아브라함Abraham은 웃음을 터뜨렸다. 내가 그와 대화를 나눈 것은 아마존 유역으로 흘러가는 탐보파타 강의 계곡에 위치하며, 페루 안데스 산맥의 동쪽 사면에 자리 잡은 오래된 마을인 산 후안 델 오로San Juan del Oro에서였고, 그는 당시 73세였다. 그 해까지 10여 년간 아브라함은 반군 '빛나는 길Sendero Luminoso'과 페루 정부군 사이에 끼인 채 살아 왔다. 그때까지도 평화의 조짐은 그저 약간 보이기 시작했을 뿐이었다. 이 모든 것에 대해 그가 어떻게 생각하고 있는지 나는 궁금했다.

"이것 보라고요." 그가 말했다. "커피 농부들은 우리가 사십 년 전 여기에 처음 왔을 때도 가난했고, 지금도 여전히 그때만큼이나 가난하다고요. 전혀 바뀐 게 없다는 거죠."

이곳의 초기 정착자들은 아이마라Aymara 언어와 케추아Quechua 언어를 사용하는 페루 알티플라노Altiplano 고원의 사람들이었다. 그들은 티티카카Titicaca 호수 북쪽 변두리의 황량한 환경에서 수 세기 동안 살아왔는데 땅에 대한 매우 깊은 갈망을 가지고 있었다. 그들은 조합을 구성하고 참가하면서 '문제'를 일으키기 시작했고, 결국 개혁에 대한 약속을 받아 내는 데 성공했다. 그들과 갈등을 완화시키기 위해 정부는 안데스 산맥 동쪽의 급경사면에 펼쳐져 있는 숲 속으로 도로를 건설하였다.

새로운 시작

이곳은 이른바 처녀지였는데, 원주민들이 개발되는 도로에 쫓기며 더욱 깊이 숨어들어 가던 그런 곳이었다. 이곳에는 넓은 땅과 기름진 흙이 있는데다가 고원 지대인 알티플라노에서와 같은 무자비한 추위를 피할 수 있었다. 땅이 없던 사람들로서는 이곳에서 커피를 재배함으로써 더 나은 생활을 꾸려 나갈 수 있을 것이라는 희망을 갖기에 충분한 곳이었다.

그러나 이 웅장한 산림 속에서 커피를 재배하는 것은 그다지 쉬운 일이 아니어서, 결국은 노동력 외에는 가진 것이 아무것도 없는 개척민들의 노력밖에는 믿을 것이 없었다. 큰 도로로 접근할 수 있도록 가파른 사면을 타고 오르는 작은 도로를 튼튼하게 지어야만 했고, 또 정착할 자리도 신중히 골라야만 했다. 고도가 8백 미터가 넘는 곳에서는 추위 때문에, 그리고 2백 미터보다 낮은 곳에서는 더위와 습기 때문에 커피나무가 살아남지 못하기 때문이다.

그레고리오 고메스Gregorio Gomez는 산 후안 델 오로보다 높은 곳으로 올라간 계곡에 살고 있었다. "나는 산디아Sandia 근처의 산골에서 태어났어요." 그레고리오가 나에게 말했다. "내가 한 살이 조금 못 되었을 때, 부모님께서 나를 여기에 데리고 오셨죠. 산골에서는 할 일도 별로 없는데다가 사람들만 잔뜩 많았기 때문이었어요. 여기서는 사람들은 얼마 없지만 땅이 넉넉하고 특히 커피처럼 재배할 만한 것이 있거든요."

"저는 혼자서라도 공부하기로 결심했어요, 여기서는 '자기 학습'이라고도 부르거든요. 여기 대부분의 사람들은 이런 식으로밖에 교육을 받을 수가 없어요. 나는 알티플라노에 있는 훌리아까Juliaca로 가서 학교에 다녔어요. 생계를 잇기 위해 닥치는 대로 일을 했어요. 그러면서도 저는 여기 계신 나의 부모님과 연락하고 살았고, 농장을 생각했죠. 결국 저도 부모님 농장에서 조금 떨어진 곳에 저만의 농장을 갖게 되었답니다."

그레고리오의 조카인 에디Edi는 거기서 그들과 함께 살고 있었다. 그레고리오의 누이인 에디의 엄마는 스무 살 때부터 발부터 시작해 몸 전체를 옮겨 다닌 병에 시달리다가 결국 죽기 전 일 년을 극심한 고통에 시달렸다. 하지만 그들은 결국 끝까지 병명이 무엇인지조차 알아내지 못했다.

그레고리오는 스페인어 외에도 알티플라노의 케추아 말을 할 줄 알았다. 이로써 그는 소수파가 되는데, 이는 근처 대부분 사람들은 아이마라 말을 사용하기 때문이었다. 그의 가족은 대부분 다른 곳에서 살고 있어 그레고리오가 유일하게 그의 부모님 루이스Luis와 셀레스띠나Celestina를 보살피게 되었다.

그레고리오는 산 이시드로San Isidro의 소규모 커피 생산자들의 협동조합의 회원이었으며, 이 지역에서 대부분의 커피를 생산하는 9개 조합을 총괄하고 마케팅을 담당하고 있는 중앙 연합체인 '농업 커피 생산 협동조합 중앙지부(CECOVASA)'의 부회장으로 막 선출된 참이었다.

커피 산업

그레고리오가 커피를 재배하게 된 까닭은 달리 먹고 살 만한 수단이 없었기 때문이었다. 그는 선진국의 수많은 커피 애호가들을 위한 거대한 국제 산업의 한 끝에 서 있다. 이 산업은 정작 커피를 재배하는 사람들은 전혀 보지 못하는 곳에서 수백억 달러의 이윤을 내고 있다. 상황이 크게 달라지지 않는 한 생산자들은 그만한 돈을 결코 보지 못할 것이다. 다른 열대 개발도상국의 2천만 명의 커피 재배자들과 마찬가지로, 커피를 위해 그들의 온 인생을 바쳐 일하지만, 커피는 결코 그들을 위해 일하지 않는 것이다.

나는 아주 단순한 질문에 대한 분명한 답을 얻기 위해 그레고리오를 따라 나갈 준비를 했다. 런던이나 토론토, 시드니나 뉴욕에서 팔리는 한 잔의 커피 가격으로 따지면 그가 탐보파타 계곡에서 생산하는 약 50킬로그램의 커피 한 자루는 만3천 달러의 값어치가 있다. 그러나 운이 좋다면 그레고리오와 그의 협동조합은 70달러를 받게 된다. 이것은 커피 값의 180분의 1에도 못 미치는 가격이다.

일단 길을 따라가는 우리가 제일 처음 직면한 것은 위로 올라가야 한다는 것이었다. 사실대로 말하자면, 커피가 재배되는 곳으로 가자면 급경사인데다가 열대우림으로 덮인 탐보파타 강 계곡을 따라 제법 올라가야만 했다. 커피 농부들은 항상 해 오는 일이지만, 습기가 가득한 열대 기후의 빽빽한 열대우림을 뚫고 산을 오르는 것은 내게 아주 힘든 일이었다. 겨우 몇 분 만에 나는 지쳐 버렸고, 어떤 남자가 수레에 코카콜라를 가득 싣고 온 몸의 근육을 팽팽하게 조이며 나를 앞질러 산길을 종종걸음으로 달려가는 모습을 보고는 그만 넋을 잃고 말았다. 게다가 비록 병으로 포장된 콜라가 이곳에서 가장 안전한 음료 중 하나라는 사실을 알고 있기는 했지만, 이처럼 세계적인 브랜드가 지닌 어떤 힘에 대해 그때처럼 감동한 적도 일찍이 없었던 것이다.

한두 시간쯤 지나 우리가 겨우 도착하자, 빠멜라Pamela가, "나의 농장 차끄라chacra에 오신 걸 환영합니다!" 하고 외치며 우리를 맞이하였다. 그녀는 우리 손을 잡고 집으로 들어가 오렌지, 파파야, 주스, 꽃, 신선한 허브, 따뜻한 코코아가 담긴 잔 등 온갖 먹을거리로 가득 찬 테이블로 인도했다. 한 가지 없는 것이 있다면 그건 바로 커피였다. 이곳 사람들은 오후 휴식을 위해 한 잔씩 마실 뿐이라고 했다.

우리가 한숨 돌리자, "부에나스 따르데스Buenas tardes?"("안녕하세요?"라는 인사말이다.) 하며 빠멜라의 남편인 빠블로가 인사를 한 후 내 녹음기에 대고 자신을 소개했다. 부리부리한 눈, 크게 움직이는 입과 높은 톤의 쉰 목소리를 가지고 있는 장난기 많은 사람이었다. 여기에 있는 다른 사람들과 마찬가지로 그의 웃음은 그의 영혼에서 나오는 그런 것이었다.

"저는 빠블로 까와나 플로레스Pablo Cahuana Flores입니다. 산 이그나시오San Ignacio 협동조합의 회원입니다. 페루 뿌노Puno의 산디아 지역 탐보파타 강 계곡에 있죠." 그는 의무적으로 보고라도 하듯이 소리쳤다. "오늘은 금요일입니다."

빠블로는 내가 갖고 있는 녹음기에 너무 사로잡힌 모양인지 떨면서 무슨 말을 해야 할지 몰라 쩔쩔매는 것 같았다. 그도 그럴 것이 그의 차끄라를 방문한 외부인은, 특히 나 같은 미국 백인은 더더군다나 말할 필요도 없이 지금껏 한 명도 없었기 때문이었을 것이다. 그는 다음 할 말을 찾기 위해 한참을 기다리다가, 역시 가장 좋은 방법은 우리들로 하여금 현장을 직접 보게 하는 것이라고 결론 내린 모양이었다. 빠블로는 숲 속으로 성큼성큼 걸어가며 우리에게 따라오라고 하고서는 마침내 유창하게 이야기를 시작했다.

각 차끄라는 약 3헥타르 정도의 면적으로 된 산림이었는데, 커피나무를 위해서는 산림 밀도를 낮추기 위해 솎아베기를 해야 하지만, 동시에 그늘을 남겨야 하기 때문에 어느 정도 나무를 남겨둬야 한다고 설명했다. 커피를 건조하기 위한 건조대를 평평하게 만들고, 부드러운 흙은 물을 부어 이긴 후 굳혀 2층짜리 농가의 벽돌 벽으로 사용한다. 각 농가는 가장자리에 침대가 있고, 그 사이에 놓인 테이블과 벤치가 전부다. 깨끗한 수원水原도 찾아야 한다. 마지막으로, 작물을 심고 나면(생존에 필요한 작물과 과일이 우선이고, 커피나무는 그 이후에야 심는다.) 기나긴 기다림이 시작된다. 커피나무는 수확하기까지 최소한 3년 동안 극진히 보살펴 줘야 하기 때문이다. 힘든 노동에도 아무런 수익이 없는, 그 처음 3년간의 어려운 생활은 모든 농부의 기억에 생생하게 남아 있다. 절대 잊을 수 없는 기억인 것이다.

NO-NONSENSE

이익의 분배

소비자들이 지불하는 커피 한 통의 최종 가격을 들어 이야기하자면 그 상당 부분이 선진국에게 돌아간다. 소매업자(대부분은 슈퍼마켓)에게는 약 25퍼센트의 '이윤'이 돌아간다. 이는 다른 상품들보다는 약간 낮은 이윤인데, 그 이유는 커피 시장이 워낙에 방대한데다가 가격에 '민감' 하기 때문이다. 다시 말해 소비자들은 전통적으로 커피와 같은 표준 상품의 경우, 더 높은 가격을 지불하는 것을 꺼려 왔다는 사실에서 비롯한다.

가장 커다란 55퍼센트의 이윤은 커피의 수송과 커피 볶기 공정을 하는 측, 즉 커피 무역의 4분의 3을 통제하는 네슬레Nestle나 크래프트 제너럴 푸드Kraft General Foods와 같은 거대 식품 회사들에게 돌아간다. 이러한 이윤의 상당 부분은 네스카페Nescafe나 맥스웰하우스Maxwell House 같은 핵심 상표들을 판촉하는 데 이용되거나 기업 유지비로 사용된다. 신선도를 유지하기 위해 서로 다른 커피 원두를 섞고, 볶은 후 가루로 빻아서 필요에 따라 '인스턴트' 과립 형태로 최종 소비자에게 전달한다.

또 다른 10퍼센트는 수출업자들이 가져가는데, 이들은 생산국에서 무역을 조직하는 무역업자나 살벌한 '중개인', '코요테' 들이라 불리는 자들이다.■

이렇게 해서 남는 단 10퍼센트만이 생산자들에게 돌아간다. 그룹으로뿐만 아니라 이에 관련된 사람들의 숫자를 따져 보아도 그 누구보다도 적은 이윤을 받는 셈이다.

공정 무역의 주요 관심 대상은 바로 이들 생산자다. 그러나 현 커피 무역 구조에서는 생산자들이 성취할 수 있는 것에는 한계가 있다. 사실상 공정 무역에서 보험, 배송, 커피 볶기와 유통에 들어가는 실제 비용은 비슷하거나 오히려 높은

■ 라틴아메리카의 중개업자들은 '코요테' 라 하지만, 아시아에서는 '뱀머리snakeheads' 라고 한다. 중국과 미얀마의 관계 증진으로 인해 메콩 강은 서방으로 불법 이주하려는 중국인들의 주요 통로가 되었다. 이로 인해 뱀머리라고 불리는 중개인들은 국경을 넘으려는 중국인들에게서 엄청난 대가를 착취하였다. 『중국의 외교정책』(오름, 2001) 참조. 옮긴이

데, 그 이유는 공정 무역의 규모가 상대적으로 작은데다가 대기업들처럼 유리한 계약 조건을 끌어내거나 규모의 경제에서 나오는 이점을 얻을 수 없기 때문이다.

물론 이 같은 문제는 공정 무역이 시장에서 더욱 커지고 더 큰 영향력을 행사할 수 있게 된다면 간단히 해결될 수 있을 것이다.

커피 한 통의 최종 가격의 분할

분류	퍼센트
재배자	10퍼센트
수출업자	10퍼센트
배송업자와 커피 볶기 공정 측	55퍼센트
소매업자	25퍼센트

▶출처―The Coffee Chain GOxfam.

커피나무

"바로 저깁니다." 쓰러진 나무줄기, 나무 부스러기, 드문드문 서 있는 파파야나무가 널려 있는 벌목지를 가리키며 빠블로가 말했다. 나무로 만들어진 수로가 기둥 위에 서 있었는데, 물이 조금씩 개간지 너머 숲 속으로 흘러가는 것을 볼 수 있었다. 마침내 두 그루 나무 사이에 자리 잡은 밝은 녹색의 묘목이 보였다. "이 묘목들이 십오 년 동안 나를 먹여 살릴 거예요." 빠블로가 말했다.

"겨우 십오 년이오?" 나는 물었다. 평균적인 커피나무의 생산 수명은 30년에서 40년 정도다.

"그래요. 더 낮은 곳에 있는 나무들은 좀 더 오래 살죠. 하지만 그런 나무는 커피가 덜 열린답니다. 저쪽에 있는 나무들은 이 년생이에요. 저 위에 있는 나무들은 삼 년 된 것이고요. 구월에 꽃들이 피기 시작할 때는 주위의 모든 산이 꼭, 눈 덮인 알티플라노 산 같아요."

우리는 다 자란 커피나무 숲으로 들어갔다. 나무들은 약 2미터 간격으로 심어져 있었다. 나뭇잎을 제외하고는 깨끗하고 매끄러워 보이는 얼룩진 회색빛의 앙상한 줄기 여럿이 모여 부채꼴로 뻗친 덤불을 이루고 있었다. 나무 바깥쪽의 번들거리는 짙은 녹색의 나뭇잎 사이에서 자라는 커피 열매는 익어 가면서 녹색에서 노란색으로, 그리고 마침내 붉은색으로 점차 변해 갔다. 열매는 조그맣고 맛없게 생긴 체리처럼 생겼다. 열매가 근사하게 달린 오렌지나무가 커피나무 사이에 자라고 있었다.

저 앞에서 목소리가 들려 바라보자 빠멜라가 우리에게 열심히 손짓을 하고 있었다. 그녀 어깨에 두른 거친 숄은 허리 옆에 두 개의 주머니를 만들고 있었다. 수풀 속에서 여남은 명의 남자들이 등 번호가 새겨진 최신 축구 셔츠를 입고 나타났다.

그들은 뻬온peon이라고 불리는 일용직 노동자들이었다. 그들은 알티플라노 산에서 수확 기간 동안 매년 약 5개월 정도 내려와서 농가 옆 헛간에서 지냈다. 모든 농장은 이런 노동자들을 고용했다. 계곡 주변의 산림 사이 중간 중간에는 귀한 평지를 평평하게 골라 그들이 일요일에 축구를 할 수 있도록 정리해 놓았다. 그들은 빠멜라와 빠블로를 '듀에뇨(duenos, 주인)'라고 불렀다. 그러나 겉으로 보기에 빠멜라와 빠블로, 노동자들 사이에 빈부 격차는 그다지 크게 보이지 않았다.

주위가 점점 바빠지기 시작했다. 체리처럼 생긴 커피 열매들이 이쪽저쪽으로 날아갔다. 만다린오렌지를 수확하고 있었다. 백여 개가 들어간 큰 자루 하나가 1달러도 안 되는 가격에 팔렸다. 하지만 빠멜라와 이들 노동자들이 그들의 고된 노동을 설명하면서도 워낙에 익살스럽게 묘사하여 여러 번 큰 웃음을 자아냈다.

커피 수확하기

그때는 커피 수확 철이었다. 이 시기는 다음 해 마을 전체의 운명이 전적으로 달려 있는 시기였기 때문에 일 년 중 가장 중요한 때라고 할 수 있다. 빠블로는 나에게 이때가 얼마나 중요한지에 대해 깊은 인상을 주려고 열심이었다. "우리는 공정 무역comercio alternative을 위해서도 커피를 생산하고 있어요. 그래서 특별히 아주 잘 익은 최고의 열매만을 골라내기 위해 신경을 많이 씁니다. 사실 우리로서는 위험을 무릅쓰고 하는 일이에요. 왜냐하면 열매가 최고로 익은 상태로 있는 날은 단 하루뿐이거든요. 만약 그날 비가 오면 열매는 나무에서 떨어지고 열매는 버려야 해요. 어떤 때는 수확 기간 내내 몇 주씩 비가 올 때도 있어요."

주머니는 열매로 가득 찼고 우리는 다시 농장으로 내려갔다. 농가의 한쪽에 있는 나무 수로에서 수정같이 맑은 물이 콘크리트 탱크로 흘러들어 갔다. 뚱뚱한 통나무 배 모양의 탱크에 물이 가득 찼다. 커피 열매는 그 탱크에 쏟아 부어져서 물 위에 둥둥 떠 있었다. 열매는 발효가 진행되면서 천천히 물 탱크 바닥으로 가라앉을 것이다.

이 탱크 옆에 앞서 말했던 것과 비슷한 모양의 탱크가 또 있었다. 이 탱크는 발효를 마친 열매를 채우고 몇 시간 동안 말리는 곳이다. 이 커피 열매는 이제 발효된 과일 냄새를 강하게 풍기는데 (나는 이 냄새를 아직까지도 생생하게 기억한다.), 그 다음 단계에는 거칠지만 아주 효율적인 과육 제거기로 보내게 된다. 열매를 기계 꼭대기에 있는 입구로 붓고 손잡이를 돌리면 순식간에 단단한 커피 원두는 주석 통으로, 그리고 부드러운 열매 과육은 다른 쪽으로 떨어져 나온다. 과육은 나중에 퇴비에 섞어 흙으로 돌려보낸다. 커피 원두는 여전히 두껍고 단단한 진으로 덮여 있다. 이것을 깨끗한 물에 최소한 대여섯 번을 씻어야 하는데, 말 그대로 발이나 손으로 일일이 문질러 닦아야 한다. 그야말로 극도로 노동 집약적인 과정인 것이다.

건조 과정

이렇게 땅콩처럼 반짝거리는 원두를 '까페 라바도café lavado', 즉 세척된 커피라고 부른다. 이 원두를 약 2, 3일간 햇빛 아래 펼쳐 말린다. '일반' 시장을 위한 원두는 땅 위에 바로 펼쳐진 합성 수지 성분의 검은 천 위에 놓는다. 공정 무역을 위한 원두는 공기가 밑으로 통해 건조 과정을 더욱 효과적으로 만드는, 나무로 된 평평한 대에 보관한다. 매일 밤, 그리고 비가 올 것 같을 때마다 원두를 다시 모아서 건조하게 보관해야 한다.

아직도 원두에 콩깍지가 남아 있다. 빠멜라와 빠블로는 아직 습기가 남아 있는지, 특정한 녹회색 빛이 나는지 확인하기 위해 손바닥 사이에 원두를 넣고 비벼 콩깍지를 벗겨 내서 원두를 검사했다. 콩깍지가 덮인 채로 이러한 상태에 이른 커피 원두를 '까페 뻬르가미노café pergamino'라 부르는데, 이러한 원두는 오랜 기간 동안 변질되지 않고 보관이 가능하기 때문에 커피는 이곳처럼 외진 곳에서도 재배할 수 있는 환금작물이 되는 것이다.

우리는 동그랗게 모여서 지금까지 본 것이 무엇을 의미하는지 토론하였다. 그레고리오가 인터뷰를 수행했다. 말끔하게 옷을 입고 뻣뻣한 야구 모자를 쓰고 있던 옥따비오 모랄레스Octavio Morales도 동참하였다.(그는 깡말랐지만 아주 진지한 사람이었다.)

"영국에서 오신 기자 선생님!" '영국 언론인' 인 나를 가리키며 옥따비오가 깊게 울리는 슬픈 목소리로 이야기를 시작했다. "우리는 당신의 동포들에게 멀리서나마 인사를 보내며, 그들이 앞으로도 계속 커피를 마셔 주기를 바랍니다. 또 우리는 여기로 우리를 만나러 와 준 당신에게 감사를 표합니다. 당신은 우리가 처음 만난 언론인입니다. 이제 당신은 우리가 어떻게 살아가야만 하며, 커피를 생산하기 위한 얼마나 고된 노동을 해야 하는지 알게 되었을 것입니다. 하지만 오늘 아침 뉴욕 커피 거래소에서 커피 가격이 한 자루에 143달러로 떨어졌다는 사실을 말씀드리고 싶습니다."

나는 믿기가 어려웠다. 어떻게 그가 그런 것들을 알 수 있을까? "맞습니다." 내가 묻기도 전에 빠블로가 이어 갔다. "시장 가격은 우리가 투입한 노동력이라든지, 우리 가족을 먹여 살리기 위한 비용, 그리고 노동자를 고용하기 위해 들이는 돈뿐 아니라 다른 모든 것들을 위한 비용을 제대로 반영하지 않습니다. 여기서 우리는 화학비료나 제초제, 살충제를 사용하지 않고 최고급의 커피를 생산합니다. 우리 커피는 완전한 유기농 제품입니다. 우리는 더 나은 가격을 받아야 합니다."

나는 머릿속으로 몇몇 간단한 계산을 해 보았다. 만약 빠멜라와 빠블로가 운송비와 가공비를 빼고서 약 50킬로그램짜리 '까페 뻬르가미노' 한 자루에 70달러를 받는다면 그건 상당히 괜찮은 가격이다. 그리고 그들의 농장이 약 3헥타르 정도고, 그중 2헥타르에서 헥타르당 약 20자루 정도의 커피를 생산한다면, 그들은 총 40자루의 커피를 팔 수 있을 것이므로 약 2,800달러 정도의 수입을 올릴 수 있을 것이다.

이건 굉장한 수입은 아니지만, 페루의 평균 소득과 비교했을 때 크게 떨어지는 것도 아니다. 하지만 이 총수입에서 노동자들의 임금과 더불어 가까운 커피 가게까지의 교통비가 빠진다는 사실도 감안해야만 한다. 더욱이 최근 3년간 그들은 한 자루당 20달러도 안 되는 가격을 받았다. 이러한 가격은 1989년부터 1993년 동안 계속되었는데, 이는 그들이 생산 비용조차 감당하지 못하는 수준이었다. 하지만 그 전 해에는 브라질의 커피 일부가 서리 피해를 입어 커피 한 자루가 약 200달러까지도 팔렸다. 빠멜라와 빠블로에게는 운수 대통한 해였던 것이다.

커피 가격에 좌우되는 삶

하지만 이런 불확실성이 그들에게 어떤 의미가 있는지 제대로 이해하기 위해서는 그것이 단지 호경기와 불경기만의 문제가 아니라는 것을 알아야 한다. 그들처럼 살얼음 가장자리를 걷듯이 살아가는 이들에게는 생존 자체가 그 불확실성에 달려 있는 것이다. 이것은 먹을 것을 충분히 갖고 있느냐 하는 질문이 아니다. 이곳의 산림은 생산성이 높아 사람들이 그런 영양부족은 피할 수 있도록 해 준다. 하지만 생산한 커피가 그 생산에 들어간 비용을 충당하지 못해 일 년 동안의 노동이 아무런 보상도 받지 못하게 된 상황이라면, 여기서 늘 만연해 있는 황열병 같은 병이 자신이

나 가족에게 닥쳤을 때 이에 대해 어떻게 해 볼 도리가 없게 될 수 있는 것이다. 다시 말해 의사도 치료약도 구할 수 없는 처지에 놓이게 되는 것이다. 이들에게 있어 가장 확실한 한 가지는 바로 큰 병이 나면 손 쓸 겨를도 없이 죽게 된다는 단순한 사실이다. 자녀를 학교에 계속 보낼 수 있을지도 불확실하다. 게다가 학교도 충분하지 못하다. 이런 문제가 해마다 반복된다는 사실, 이에 더해 이곳 사람들의 삶이 변덕스러운 세계 커피 가격에 완전히 좌지우지된다는 사실, 이런 극적인 사실들이 그들을 현실 앞에 무력해지게 만든다.

하지만 한편으로 이러한 현실은 그들에게 있어 축하할 일이 있으면 그때그때 반드시 해야 한다는 것을 의미한다. 그래서 우리의 고별 행사는 몹시 오래 끌게 되었다. 갑자기 모든 사람들이 소형 카메라로 무장했는데, 이건 모두 지난 해 급등했던 커피 값으로 생긴 수입으로 구입한 것이었다. 우리는 농장, 건조 중인 커피 원두, 과육 제거기, 그리고 커피나무와 파파야나무 옆에 일렬로 죽 늘어서 사진을 찍었다. 다른 조합의 노동자들, 주인, 가족, 친구, 아이들과 연인 모두가 번갈아가며 함께 사진을 찍었다. 나는 내가 그들의 모습을 사진으로 남겨 간다는 사실에 대해서는 아무런 감상이 없었음에도 내 흔적(사진)을 이곳에 남기고 간다는 것에는 약간 기분이 이상해졌다.

우리는 산림으로 출발했다. 15분 정도 갔을 때, 가게를 운영하고 있는 다니엘 리마르체Daniel Limarche를 만나서 멈춰 섰다. 가게 내부에는 여러 가지 물건이 진열되어 있었다. 생선 통조림, 쌀,

코카콜라뿐 아니라 진짜 샴페인도 있었다. 다니엘은 조카가 의자에 앉아 기다리고 있는 집으로 나를 데려갔다. 일곱 살 정도 되어 보이는 오갈 데 없는 소녀였다. 부모가 아이 양 옆에 서 있었다. 다니엘은 나에게 아이의 빠드리노padrino, 즉 대부가 되어 주겠느냐고 물었다. 그는 나에게 가위를 하나 주면서 그녀의 머리카락을 자르라고 했다. 이것 또한 하나의 추억거리로 남을 것이다. 이사벨Isabel은 땋은 머리를 내가 자르자 구슬피 울었다.

길은 계곡의 비탈길 건너로 지그재그를 그리며 내려갔다. 거대한 나무가 우거져 있었고, 계곡은 어두컴컴한 공기를 가르며 흘러가고 있었다. 산짐승들이 울고 있었다. 그 소리는 마치 물이 잔잔한 연못에 쏟아지는 것 같기도 하고, 또 점점 낮아지는 야유 소리같이 들리기도 했다. 계곡 위 하늘에서는 콘도르 한 마리가 천천히 활공하고 있었다. 사람들 발길에 채여 매끄럽게 닳아 버린 돌멩이가 널려 있는 길을 가면서 우리는 산사태로 완전히 뒤덮인 곳도 여러 군데 지나게 되었다. 이런 곳은 뒤엉킨 뿌리가 흉측하게 드러나 있고 황폐한 흙이 먼지를 날리며 널려 있는 곳이었다. 그 중 일부는 우리가 건너가는 중에도 계속 사태가 일어나고 있었다.

나는 생태 비상경보를 울리고 싶은 심정이었다. 이곳은 아마존의 상류로 매우 민감한 환경을 이루고 있는 곳이다. 4년 전 나는 이곳에서 바로 북쪽에 있는 브라질의 아마존 지역에 갈 기회가 있었다. 이 지역에서는 페루 쪽의 급경사면에서 아마존 유역으로 유입되는 침적토가 점점 증가하면서, 이로 인해 일어날 수 있는

NO-NONSENSE

잘못된 가격 책정

로부스타Robusta 원두의 가격은 주로 런던 상품 거래소에서 결정된다. 좀 더 부드러운 아라비아Arabia 원두는 뉴욕 상품 거래소에서 조정된다.

가격 결정에는 수많은 요인들이 관련되어 있다. 첫째가 바로 '공급'인데, 바로 공급 가능한 원두의 양이다. 원두 공급량이 많을수록 가격은 낮아질 것이다. 다음으로 '수요'가 있다. 이는 사람들이 소비하고자 하는 커피의 양이다. 수요가 많을수록 가격은 높아질 것이다. 커피의 수요는 지금껏 꾸준히 증가해 왔기 때문에 가격 역시 오를 것이라고 생각할 수 있다. 하지만 실제로 커피 가격은 계속 떨어져 왔다.

부분적으로 가격이 오르기 시작하면 농부들이 더 많은 커피나무를 심게 되지만, 이 나무들은 처음 3년 동안은 커피를 생산하지 못하고, 이후 과잉 재고가 생길 때 가격이 떨어지기 때문이다. 때때로 자연재해(브라질에서 종종 발생하는 서리 피해)는 공급을 제한하고 가격이 치솟게 하기도 한다.

이에 더해 세계 커피 가격을 특징짓는 두 가지 요소가 있다. 첫 번째는 해마다 그리고 날마다 크게 변하는 여러 가지 조건 때문에 생산자들이 합리적으로 생산을 계획하기 힘들다는 점이다. 이러한 변화의 한 가지 이유로 투기를 들 수 있다. 일부 커피는 '선물' 시장에서 사들여지거나 시장의 변동에 대비한 '헤지hedge'로 사용되기 위해 구매된다. 이것은 시장을 '안정' 시키는 데 그 목적이 있지만, 사실상 투기꾼들이 이 시장을 마음대로 조종하기 위해 거액의 자금을 순식간에 운용하기 때문에 오히려 그 정반대의 효과가 오고 있다.

두 번째로는 커피 가격의 장기적 하향세다. 석유 생산자들이 손을 잡고 유가를 조절하고 가격 하락을 막는 것과는 달리 커피 생산국들은 생산량을 조절하기 위한 연합을 결성하고 있지 않기 때문이다. 커피 생산국 정부들은 한때 이에 관한 협정을 시도하기도 했으나, 1989년을 정점으로 실패하고 말았다. 이후 이와 비슷한 협정을 되살리려는 일시적인 노력들은 아직까지 별다른 성공을 거두지 못하고 있다.

카지노 카페

1975년과 1994년에 있었던 브라질 커피에 피해를 입힌 서리는 가격의 급상승을 가져왔다. 1984년의 가뭄도 생산량에 타격을 입혔고, 커피 가격이 상승했다. 하지만 대체적인 경향은 하향세를 그리는 것을 볼 수 있다.

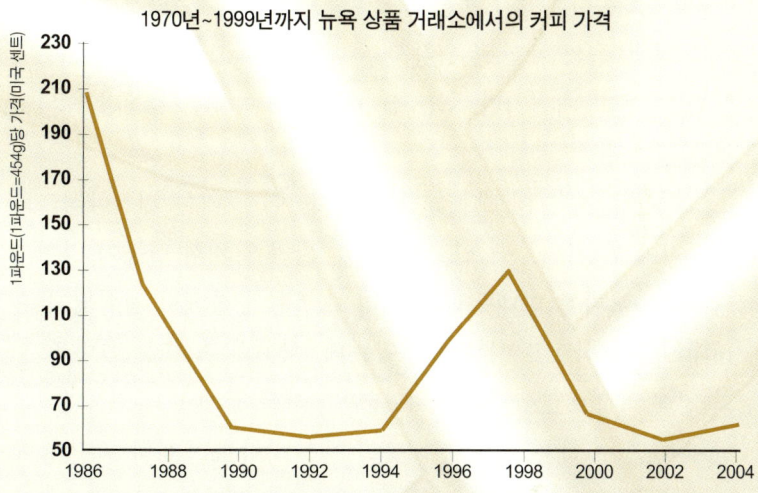

1970년~1999년까지 뉴욕 상품 거래소에서의 커피 가격

▶출처—International Coffee Organization.

광범위하고 예측 불가능한 파괴적인 환경 위기에 대한 우려가 계속 높아지고 있었다.

훼손되기 쉬운 환경

얼핏 생각하기에는 이런 문제의 원인으로 커피 생산자를 비난하는 것이 너무나도 당연한 것처럼 보인다. 어쨌든 산림을 잘라내고 급경사면의 얇은 토양을 더욱 불안정하게 만드는 것이 이들이라는 것은 사실이기 때문이다. 다른 환금작물과 마찬가지로 커피는 토양 속의 제한된 영양분을 대량으로 소비하는 작물이다. 한 번 폭우가 내리기만 하면 심각한 토양 침식이 일어나게 되어 있는 것이다.

그러나 문제는 이보다 더 복잡하다. 이 지역은 지질학적으로 유년기에 해당하는 곳으로 아직도 활발하게 지각 변동이 일어나고 있다. 아마존 열대우림 토양의 대부분이 산에서 침식되어 흘러내리는 침적토로 이루어져 있는데, 이곳의 흙 또한 아마존 강의 침식 작용으로 끊임없이 유출되기 때문에 계속 재충전되어야만 유지될 수 있다. 그래서 이곳의 산을 바라보면 비나 지진 등에 의해 자연적으로 발생한 산사태로 무너져 내린 후 회복되는 과정에 있는 곳을 많이 발견할 수 있다.

문제가 되는 것은 커피 생산자들이 이러한 자연 현상을 가속화하고 있다는 점이다. 그들도 비가 올 때마다 자신들의 생존과 직결되는 토지가 점점 사라져 간다는 사실을 잘 알고 있다. 또 그들은 산림이 훼손되면서 고도가 높은 곳에서는 기온이 점점 떨어지기 시작했다고 말한다. 이러한 변화는 브라질에서도 일어났는데, 그 전 해에 이들에게 엄청난 이득을 가져다 준 커피 값 폭등도 결국 브라질 커피가 이런 이유로 서리 피해를 입었기 때문에 생긴 일이었다.

하지만 이곳의 커피 농사가 반드시 지금과 같은 방식으로 진행될 필요가 없다는 것도 모두 알고 있다. 이것은 지금껏 커피 생산자들은 어떤 도움이나 기술적 지원도 없이 커피를 재배해 왔기 때문이다. 계단식 재배지를 만든다든지, 산림을 솎아베기 이전에 어떤 효과가 나타날지 잠시 생각해 보는 것과 같은 작은 노력만으로도 환경 피해를 효과적으로 지연시킬 수 있다는 것은 비전문가인 나도 알 수 있을 정도로 명백한 일이다. 문제는 사람들이 이러한 조치가 의료 보건이나 교육 문제와는 비교도 되지 않을 정도로 자신들의 능력 밖의 일이라는 것을 이미 잘 알고 있다는 점이다. 때문에 이처럼 어떤 개선책을 수행할 만한 자원이 없는 상황에서 개선책을 주장하는 것은 아무 의미가 없다. 지난 40년간 이루어진 기존의 커피 무역은 이러한 수단이나 자원을 만들어 내지 못했다. 그리고 앞으로도 그럴 수 있으리라 믿는 사람은 아무도 없다. 그렇기 때문에 산사태 현장을 보고도 서둘러 지나가기만 할 뿐 그에 대해 아무 언급도 하지 않았을 것이다. 그들로서는 어떤 백인 생태 제국주의자에 의해 자신들이 소중한 땅에서 쫓겨나지나 않을지 걱정스러웠을 것이다.

그 뒤, 미국에서 온 '세계 자연 보존Conservation International' 사

람들이 탐보파타 강 유역의 커피 농부들과 보존 지역 사이의 완충 지대 프로젝트를 시작했다. 드디어 유기농 생산을 향한 기나긴 여정이 시작된 것이다.

만약 내가 커피 농부였다면 나는 의아해 했을 것이다. 내게 지워진 근원적인 문제는 전혀 해결해 주지 못하면서, 오히려 모든 문제의 원천인 곳에서 내려와 이래라 저래라 하는 식의 임시방편만 내게 명령하는지를 말이다. 나라면 오히려 나와 내 공동체가 스스로 결정할 수 있는 권력을 확보하게 될 그날을 위해 노력할 것이다. 결국 궁극적으로 나와 내 후손을 위한 진정한 변화는 우리 자신에게서 나온다고 생각하기 때문이다.

커피 유통이 시작되는 곳

우리는 산림 속에 파묻힌 어둑한 길에서 햇빛이 비치는 울퉁불퉁하고 먼지 자욱한 도로로 나왔다. 도로의 바깥쪽으로는 양철 지붕에다가 나무로 지어진 오두막 여러 채가 절벽 위에 자리 잡고 있었다. 그늘 아래 나무 벤치에 한 줄로 사람들이 멍하니 앉아 허공을 바라보고 있었다. 아마도 지나가는 오래된 버스, 작은 트럭에 삐죽이 솟은 사람들의 머리, 그리고 커피와 이 세상이 털털거리며 지나가는 모습을 바라보고 있는 것 같았다.

그들은 이곳을 뿐따 델 라 까렌떼라Punta de la Carrentera, 즉 '길의 끝'이라고 불렀다. 그러나 이곳은 우리의 커피가 시장에 도달하기까지의 길고 긴 여정이 이제 막 시작되는 곳일 뿐이다. 여기서 한 시간가량 떨어진 곳에는 이 근처에서 보기 드문 풍경이 펼쳐져 있다. 아주 넓은 면적이 완만한 경사로 펼쳐져 있는데, 여기에는 햇빛 아래 반짝이는 양철 지붕이 드넓게 펼쳐져 있었다. 이곳이 바로 뿌띠나 뿐꼬Putina Punco로, 이 근처가 약 2만 명 정도 규모의 첫 정착지 중 하나이며, 현재 탐보파타 계곡의 커피 재배의 중심지가 되는 곳이었다. 바로 이곳에서 우리는 네 개의 협동조합에 속한 농장을 방문하였다. 이 중 두 곳은 천 명 이상의 회원을 갖고 있는 큰 조합인 산 호르헤San Jorge와 차루요Charuyo, 다른 두 곳은 작은 규모의 조합인 산 이그나시오와 아사따Azata였다.

라디오로 들려오는 커피 가격

강 바로 옆에 콘크리트로 포장된 곳이 있는데, 여기는 창고로 둘러싸여 있었다. 조합 회원들은 아주 멀리서부터 여기까지 커피 자루를 가지고 오는데, 당나귀에 싣기도 하지만 직접 등에 지고 오는 경우도 많다. 가져온 커피는 이곳에서 무게를 단 뒤, 품질을 검사받은 다음 저장되었다가 이후 커다란 볼보 트럭에 실려 운송된다. 사무실 한쪽에서 태양전지와 연결된 자동차 배터리로 돌아가는 단파 라디오 소리가 들려왔다. 이곳에서 커피 농부들은 리마로 직통 전화를 할 수 있었고, 이를 통해 뉴욕 커피 거래소 가격을 실시간으로 들을 수 있다. 우리가 얼마 전에 커피 농장에서 이야기를 나눴던 납작한 야구 모자를 쓴 옥따비오가 그날의 커피 가격을 알고 있었던 것도 바로 이것 덕분이었다.

한때 8백 명에 이르던 조합원 수를 자랑하던 협동조합 아사따는 대부분이 빠져나가 이제 120명밖에 남지 않았다. 1989년부터 1993년 사이의 흉작 때문에 많은 농장이 문을 닫았고 손실을 입었다. 그레고리오는 뿌띠나 뿐꼬의 경우 인구의 70퍼센트가 사라져 유령 마을이 되어 버렸다고 말했다.

"데이비드, 당신의 독자들에게 전해 주세요." 아사따에서 만난 젊고 총명한 우고Hugo가 말했다. "여기 이 계곡에 살고 있는 수천 명의 사람들은 저 멀리 다른 대륙에 살고 있는 사람들이 구입하는 커피에 의존하고 있다는 사실을 전해 주세요. 그리고 우리가 좋은 품질의 커피를 생산하기 위해 얼마나 힘들게 노력하는지를 당신은 봤잖아요. 이런 온갖 노력에도 우리가 받는 보상은 아주 적다는 사실을 알려 주세요. 그리고 모든 생태주의자들과 저명한 학자들에게 여기 와서 우리를 방문해 달라고 말해 줘요. 이곳 산림이 파괴되고 있고 우리는 그들의 도움을 간절히 필요로 한다고 말해 주세요."

여기에 그레고리오가 덧붙여 이야기했다. "조합이 세워지기 전에 우리가 직면했던 어려움 중 하나는 소수의 막강한 꼬메르시안떼comerciante, 즉 중개상인들에게 커피를 팔아야 하는 것이었어요. 그들은 말하자면 우리에게 폭력을 행사한 것이나 다름없었어요. 그들은 커피 질에는 아무런 관심도 없었고 단지 자기 이익만을 생각하는 사람들이었어요. 그리고 형편없이 낮은 가격을 쳐줬죠."

"그건 말이 안 되는 일이었어요. 정말 말도 안 됐죠. 결국 우리는 조합을 만들면서 우리만의 창고와 통신 수단, 운송 수단 등을 마련하며 큰 희생을 감수해야만 했어요. 그렇게 조합을 만들면서 들인 희생이 너무 크기 때문에 앞으로 아무리 커피 가격이 폭락해도 우리는 끝까지 조합을 지켜 나갈 겁니다."

나는 이곳이 외부 세계에서 완전히 고립되어 있다는 사실에 마음이 불안하기도 했다. 이따금씩 한밤중에 잠에서 깨어날 때마다 이러한 생각이 계속 머릿속에서 맴돌았다. 만에 하나라도 큰 폭우가 쏟아진다면 우리는 아마도 몇 주일 동안이나 이곳에서 완전히 고립될 것이다. 이곳에는 전기도, 약도, 단 한 명의 의사도 없다. 마치 황열병이 집안에서 어슬렁거리며 돌아다니고 있는 것처럼 느껴졌다.

그랬기 때문에 마침내 커피를 운반하는 트럭을 타고 뿌띠나 뿐꼬를 떠나게 되었을 때 나는 비로소 안도감을 느낄 수 있었다.

우리가 가는 길은 시종 계곡을 구불구불 돌아서 올라갔다. 우리는 뿌띠나 뿐꼬와 비슷하지만 그보다 좀 더 크고 오래된 마을인 산 후안 델 오로에서 다시 멈춰 섰다. 이곳 바로 위에 있는 산에는 그레고리오가 커피 농사가 잘 안 되면 일하곤 하던 금광이 있었다. 우리는 가게에 높이 진열되어 있는 기름통의 휘발유로 트럭을 채웠다. 한 노인이 그의 황폐한 농장을 보여 주면서 계속 이야기했다. "우리에게 필요한 것은 기술이야!" 좀 더 길을 간 후 우리는 야나와야Yanahuaya에 있는 산 이시드로 조합에 잠시 들러 그레고리오의 부모가 살고 있는 농장에 그를 내려 주었다. 그는 그곳에서 커피 수확을 도와야 했다.

알티플라노를 향해 가다

마침내 우리는 알티플라노를 향해 출발하였다. 점점 높은 고도로 올라가자 산림은 덤불숲으로 변하더니 다시 황폐한 모습의 메마른 돌 더미로 바뀌었다. 높이 올라가면 갈수록 더 높은 산들이 우리 앞에 버티고 서 있었고, 아래 강으로는 더욱 가파른 낭떠러지가 입을 벌리고 있었다. 한 계곡 입구에는 거대한 원형 경기장이 있었다. 이것은 고대 잉카 인들이 만든 것이었다. 그들은 산 사면에 계단 모양의 테라스도 만들었는데, 이 테라스들은 아직까지도 산 위로 꾸불꾸불하게 올라가는 도로를 지탱해 주는 데 쓰이고 있다. 해가 떨어질 때 점점 어두워지는 낭떠러지 아래의 계곡을 바라보는 것은 어리석은 짓이다. 바로 여기서 커피 농부 아브라함의 아들 하나가 목숨을 잃었다고 누군가가 말해 주었다.

어둠이 우리를 삼키면서 뼛속까지 스미는 추위가 더욱 심해졌다. 고도가 높아지면서 나는 호흡이 가빠졌고, 머리도 어질어질해지면서 두통이 왔다. 두통은 끊임없이 흔들리는 자동차 때문에 어쩔 수 없이 차의 벽면과 지붕에 머리가 부딪치면서 더욱 심해졌다. 컴컴한 어둠 속으로, 자동차 불빛에 비치는 먼지 덮인 조그만 길만이 우리 앞에 보일 뿐이었다. 나는 우리와 함께 이 길을 가는 커피 원두가 내가 느끼는 공포를 느끼지 못할 것이라는 사실이 부러울 따름이었다.

우리는 마치 캄캄한 우주 한가운데 있는 밝은 대문처럼 보이는 곳에 드디어 멈춰 섰다. 내 눈이 점차 별빛에 적응하고서야 건물의 그림자와 건물들 뒤로 마치 손을 뻗으면 닿을 것만 같은 눈 덮인 산의 정상이 보이기 시작했다. 여기가 바로 이 산을 넘는 고개 꼭대기였다. 우리는 여섯 시간 동안 해발 8백 미터에서 5천 미터까지 올라왔던 것이다.

갈 길은 아직 많이 남았지만 우리는 여기서 일단 멈춰 섰다. 티티카카 호수 수면에서 별빛은 반짝이고 있었고, 저 멀리 우리 목적지인 훌리아까는 오렌지색으로 빛나고 있었다. 하루 낮과 밤을 도로에서 보내고 나니, 잠시 후면 먼동이 틀 시각이었다.

훌리아까 주변은 워낙 평평해서 그곳의 건물들이 땅에서 솟은 건지 꺼진 건지 알아보기도 힘들 정도였다. 거리는 인력거와 시장 좌판으로 가득 차 있었다. 이 마을은 커피 생산자들에게 있어 두 가지 중요한 시설을 가지고 있다. 커피 제조 공장을 가동할 수 있는 전기, 수출을 할 때 반드시 필요한 은행이 바로 그것이다.

바로 그 이유 때문에 산디아 계곡의 농업 커피 생산 협동조합 중앙지부(CECOVASA)가 여기에 그 본부를 두고 있다. 뿌띠나 뿐꼬에서 온 커피 트럭이 구내에 도착하여 창고에 짐을 내렸다. 창고의 끝에는 브라질과 콜롬비아에서 만들어진 녹색 기계들이 한 줄로 서 있었다. 첫 번째 기계가 까페 뻬르가미노에서 돌멩이, 나무 조각 그리고 기타 여러 가지 거친 불순물을 흔들어 분리한다. 그러고 나서는 실린더 모양의 기계로 옮겨 껍질을 벗기게 된다. 나중에 알아낸 바로는 바로 이 공정에서 껍질과 함께 맛도 많이 떨어지게 된다고 한다. 하지만 커피 원두 뻬르가민pergamin은 크기나 모양이 균일하지 않은데다가 그 껍질은 원두보다 더 빨리 부패하기 때문에 세계시장의 요구에 맞추기 위해서는 필요한 공정이다. 마침내 원두가 드러났다. 그것은 '녹색' 커피라고도 하는데, 가운데가 갈라진 마름모 모양으로 별 볼일 없이 생긴 것이었다.

수출 등급 매기기

겹겹이 쌓여 있는 네 개의 체가 맹렬하게 흔들리며 녹색 원두를 크기별로 나누어 등급을 매긴다. 어느 커피 수출국에서나 마찬가지로, 가장 큰 원두만이 수출 적합 판정을 받게 되고 나머지는 국내에서 소비된다. 약 20퍼센트 정도의 원두가 수출 기준을 통과하지 못한다. 끝으로 원두는 컨베이어벨트를 타고 가며 직접 손으로 품질을 가려 마지막에는 거의 보석과도 같은 원두만이 남게 되는 것이다.

이전 해에 농업 커피 생산 협동조합 중앙지부는 약 350만 달러어치의 녹색 커피 2만2천 자루를 수출했다. 1980년대 초까지, 페루의 모든 커피 수출은 전통적으로 미국 시장에 의존해 왔던 정부 기관을 거쳐야 했다. 그 후로, 신뢰할 수 없었던 페루 커피의 질을 현저히 개선하여 일본과 유럽을 새로운 시장으로 개발했는데, 현재는 페루 커피의 80퍼센트가 이곳에서 소비된다.

"좋은 소식이 있습니다." 공정 무역 포스터가 벽에 걸려 있는 사무실에 앉아 있던 협동조합 중앙지부 매니저인 빠블로가 말했다. "가격이 올라가고 있어요. 뉴욕 거래소에서 오늘 150달러가 넘었네요. 브라질의 흉작 소문 때문이죠. 조만간 브라질 정부에서 발표가 있을 거예요. 우리에게는 좋은 소식이지요. 가격이 떨어지지 않고 올라갈 것이라고 생각했기 때문에 우리는 시장 거래를 보류하고 기다리고 있었어요."

　이제 녹색 커피는 대여한 20톤 트럭을 타고 이틀 동안 산지의 사막을 건너 해변으로, 그러고는 리마의 항구도시인 북쪽의 까야오Callao로 여행을 떠나야 한다. 이제 나는 훌리아까에서 리마로 날아가야 한다. 까야오에서는 선명한 검은 제복을 입은 직원이 코카인을 조사하기 위해 도착한 몇몇 커피 자루에 단검을 찔러 넣었다. 누구도 이것에 대해 말하지 않았고, 나도 물어보지는 않았지만, 커피 무역이 쇠퇴하면 코카(남미 원산의 작은 나무로, 그 잎을 말리면 코카인의 원료가 된다. 옮긴이) 무역이 성행한다는 것을 모두들 명확히 알고 있었다. 일군의 노동자들이 갈색 종이를 들고 컨테이너에 줄을 서서는, '표준 취급 양'인 250자루씩을 채웠다. 문이 닫혔다. 원두는 이제 파나마 해협을 통해 유럽으로 가거나 북미 지역으로, 혹은 태평양을 건너 일본과 호주까지, 목적지에 닿을 때까지 다시는 빛을 볼 수 없다. 나는 가는 길에 원두들을 쓰다듬어 주었다. 그 사이, 뉴욕 거래소의 커피 가격은 또다시 떨어졌다.

3 가나의 코코아 재배

실패한 자유무역의 의제

코코아 생산 현장에서

시장의 유동성

코코아 마케팅 위원회의 축소

코코아 협동조합

코코아 협동조합은 어떻게 움직이는가

그 밖의 지역에서는 무슨 일들이 일어나고 있는가

공정 거래업자들

가나산 초콜릿

구조 조정의 구속

FAIR TRADE

가나의 코코아 무역은 공정 무역에서 어떤 자리를 차지하는가?
가나 코코아 협동조합은 세계 금융기관의 구조 조정 프로그램에 어떻게 대응하고 있을까?

NO-NONSENSE
03

가나의 코코아 재배

코코아는 가나와 코코아 농부들에게 무슨 의미가 있는 것일까? '구조 조정' 정책은 특히 코코아 농부들에게 실제로 어떤 역할을 하는가? 왜 그들은 스스로를 조직하여 얻게 된 이득을 다른 방식으로 잃게 되는가?

많은 개발도상국의 공통적인 특징은 한 가지 수출 작물에만 지나치게 의존한다는 것이다. 브라질과 같은 거대하고 상대적으로 부유한 나라도 최근까지 설탕에서 고무, 커피, 대두 등으로 전환하면서 일련의 단일 수출 상품에만 의존하였고, 이 상품들을 함께 재배하여 흉작을 맞은 작물에서 입은 손해를, 풍작을 맞은 다른 작물을 통해 균형을 맞추지는 못하였다. 이렇게 된 데는 일시적으로 훨씬 많은 이윤을 불러오는 한 가지 작물을 선택하고 사람들, 특히 막강한 권한을 가진 토지 소유자들의 심리를 집단적으로 바꾸게 하여 극도로 취약한 '단종 재배 monoculture' 경제를 촉진하게 하는 세계시장의 '비교 우위' 방식에 그 원인이 있다.

이러한 단일 수출 상품에 대한 지나친 의존 현상의 또 다른 원인은 추상적인 '비교 우위' 이론과 관련성이 적은데, 식민지 경제가 식민 통치 국가에 적합하도록 건설되었기 때문이다. 인도의 면화, 동남아시아의 향신료, 남아프리카의 금, 그리고 가나의 코코아 같은 상품들의 '가치'는 장기적인 이득이나 지역 사람들의 입장보다는 전적으로 선진국의 기준에서 이해되었다.

이에 따라 전 국민에게 더욱 큰 번영을 가져오게 되는 일차 상품 수출의 경제적 '파급효과'는 언제나 극단적으로 제한되었다. 가공과 제조, 상품화를 통해 기본 원자재에 부가되는 가치는 선진국에 고스란히 넘어가고, 이는 미래의 개발을 위한 자본이 된다. 식민지 국가들의 독립은 이러한 과정의 기본 형태를 거의 벗어나지 않았다. 특히 아프리카의 많은 나라는 식민지 시절과 마찬가지로 아직까지 단일 상품 수출에 의존하고 있다.

이 같은 현상은 독립한 후에도 이전에 식민지였던 국가 깊숙이 자리 잡고 있다. 특히 이들 나라의 정부는 수출품에 부과하는 세금에서 세입을 지나치게 의존하게 된다. 이는 이 나라들이 자율권과 정치적 독립을 획득했음에도 세계무역 시스템이 이들에게 미치는 정치적 영향력을 강화시키는 결과를 낳게 되었다.

최근 몇 년 동안 이러한 경제 관계에 미치는 정치적 영향력은 부채 위기로 더욱더 분명해졌다. 선진국의 채권자들은 단지 변제만을 요구하는 것이 아니라 주요하게는 채무국들의 경제 구조가 어떠해야 하는지까지 주장할 수 있게 되었다. 그들의 처방인 '구조 조정'은 완전히 하나의 공식으로 자리 잡았다. 이 공식은 수출 촉진, 낮은 수출 가격을 위한 통화의 평가절하, 규제의 철폐, 민주적 통제의 철회, 교육·의료와 같은 기본적 공공서비스에 대한 재정 긴축, 공공 자산의 사유화 따위로 대표되는데, 이런 것들은 모두 자유무역의 의제에 지나지 않는다.

실패한 자유무역의 의제

자유무역의 의제는 실패한 것임이 점차 분명해지고 있다. 어떻게, 그리고 왜 실패했는지 이해하기 위해 한 나라와 그 나라의 작물 한 가지를 자세히 살펴보도록 하겠다. 가나와 코코아는 수년간 동일어로 취급되어 왔다. 변하지 않는 한 가지 모순은 코코아의 최종 상품인 초콜릿을 가나 사람들은 먹지 않는다는 것이다.

가나의 수도 아크라Accra에는 오전 6시가 되기도 전에 더위와 따가운 햇볕이 내리쬐기 시작한다. 오전 8시 즈음에는 이미 면 셔츠가 피부에 철썩 달라붙는 그런 더위다. 그러면 사람들은 대서양에서 불어오는 한 줄기 바람을 기다리게 된다.

코코아 생산 현장에서

나는 가나의 내륙 오지인 타포Tafo의 코코아 연구소Cocoa Research Institute와, 농부들의 코코아 생산 향상을 돕는 가나 코코아 마케팅 위원회Ghanaian Cocobod의 지역 담당 직원들을 교육시키는 농업대학교로 여행하기 위해 마케팅 위원회의 샘 냐코Sam Nyako와 함께 준비하였다. 이 여행은 가나 경제 안정의 핵심인 코코아 작물을 유지하기 위해 가나가 무엇을 하는지를 둘러볼 수 있는 기회가 될 것이다. 또한 세계은행과 국제통화기금의 도움으로 설계된, 단지 코코아 농부들에게뿐만 아니라 전 가나 국민들에게 지대한 영향을 미친 경제 자유화 과정의 효과를 직접 볼 수 있을 것이다.

우리가 도시에서 북동쪽으로 차로 네 시간쯤 걸리는 내륙 오지의 타포를 향해 출발할 때, 수도 아크라는 막 잠에서 깨어나고 있었다. 사륜구동 차의 창문을 통해 들어오는 산들바람과 함께 열기가 식은 주변 산지들은 우리를 환영하는 듯했고, 안도감을 주었다.

올라갈수록 넓게 펼쳐지는 아크라 평지와 그 아래 아련하게 빛나는 대서양의 장관이 우리를 사로잡았다. 갈색 상의와 바지, 그리고 깔끔한 노란색 셔츠를 입은 학생들의 기다란 줄이 다음 언덕 꼭대기까지 도로를 따라 계속되었다. 말하자면 그들은 가나의 '비공식적 경제'을 이루고 있었는데, 커다란 얌, 푸푸fou fou라고 불리는 죽, 수프 같은 음식은 물론이고 두루마리 휴지나 건전지, 펜, 복권까지, 누군가 조금이라도 사고 싶어 하거나 살 수 있는 온갖 물건을 길거리에서 팔고 있었다.

● **얌** — 온도가 높고 비가 많이 내리는 곳에서 자라는 덩굴 식물이다. 주로 열대 지방이나 아열대 지방에 자라며, 전 세계에 약 6백 종이 있다. 오스트레일리아 건조 지역에 사는 원주민들은 식량으로 재배했으며, 지금은 아프리카 일부 나라와 오세아니아에서 많이 심는 작물이다. 옮긴이

북쪽으로 운전하면서 샘은 나에게 가나 코코아 마케팅 위원회에 대해 설명하였다. 위원회는 제2차 세계대전 당시 영국에 의해 시작된 식민지의 독점 구매에 기원한다. 이것은 코코아 작물을 독점화

하는 해외 주재 회사 중개인들에 의해 바가지를 쓰고 있다는 아프리카의 불만을 무마하기 위한 것이었다. 코코아 생산에 대한 가나의 초창기 역사는 판매 유보와 가격 인상 강행을 위한 농부들의 일련의 투쟁으로 점철되어 있다.

　위원회의 공식적인 목적은 투기꾼과 가격 변동에서 농부들을 보호하는 것이었지만, 현실은 이와 달랐다. 영국의 입장에서 보자면, 나중에 독립된 가나 정부에게 공정 가격을 허용하기에 코코아는 너무나 매력적인 공공 재원이었다. 생산자들이 얻는 코코아 수익은 야심적인 교육, 건강, 그리고 산업 프로젝트를 위한 '크와메 은쿠르마Kwame Nkrumah' 라는 계획에 동의해야만 했다. 결국 무거운 수출세와 관세들로 인해 생산자 가격은 낮게 책정될 수밖에 없다. "우리 코코아 마케팅 위원회에서는 이러한 낮은 가격에 대해 비료, 살충제, 제초제 보조, 무료 농업 지역 서비스, 가나의 조건에 가장 적합한 코코아 종의 연구와 개발, 무료 코코아 묘목, 그리고 일손이 모자라는 시기에는 노동력 지원 등, 농부들에 대한 일련의 무료 서비스로 적어도 부분적으로는 보상을 했어요." 샘이 말했다. 말하자면 코코아의 낮은 생산 가격에도 농부들이 무료 서비스로 일부 대가를 돌려받고 있다는 것이었다.

시장의 유동성

　그러나 이것이 코코아 경제를 지탱하고 있다는 것을 충분히 보여 주지는 못했다. 1970년대에 처음으로 코코아 시장 가격이 폭락(최근 1999년~2000년 사이에도 일어났다.)하자, 가격은 일 톤에 거의 4천8백 달러 하던 것이 그 3분의 1도 안 되는 가격까지 내려갔다. 코코아 마케팅 위원회에서 세계 코코아 시장 가격의 40퍼센트도 안 되는 값을 받는 농부들에게 이것은 심각한 타격이었다. 많은 농부들이 코코아 생산을 중단하거나, 옥수수나 카사바(Cassava, 열대 지방산 식물로 그 녹말은 타피오카의 원료가 된다. 옮긴이) 등 좀 더 믿을 만한 가격을 받을 수 있는 농산물로 전환하였다.

1980년대 초반 서아프리카 사헬 지역에 몰아친 가뭄으로 상황은 더욱 악화되었다. 몹시 가물었던 1983년경에는 산불이 가나의 코코아 재배 지역을 잇달아 휩쓸었다. 생산량은 곤두박질쳤다. 1972년에 가나는 세계 코코아의 거의 3분의 1을 생산하였다. 사하라 사막 남쪽의 다른 여러 아프리카 나라들처럼 막대한 빚더미 아래서 휘청거리는 가나에게 코코아의 생산 몰락은 국가 전체를 파산의 위기로 몰고 가고 있었다.

세계은행과 국제통화기금이 구조 조정 프로그램을 들고 나와 가나 경제를 '구출하겠다고' 개입한 것이 이 즈음이었다. 모든 공식적 문서들을 읽어 본다면, 누구나 이 구조 조정 과정이 엄청나게 성공했다고 결론지을 것이다. 코코아 산업에서 이 구조 조정은 코코아 마케팅 위원회 규모의 파격적 축소와 농부들에게 더 높은 가격을 쳐주는 것을 의미했다. 이것은 모두 바람직한 방향으로 가는 것으로 보였다.

타포에 있는 코코아 연구소 문을 열고 들어섰을 때, 나는 이곳 사람들이 코코아 생산을 유지하기 위해 수행해 온 노력을 이해할 수 있었다. 연구소 본부의 역사는 식민지 시절까지 거슬러 올라가는데, 여기에는 일련의 연구실, 실험 농장, 묘목 밭, 그리고 샘이 '간호사 없는 의사doctors' 라고 놀리는 많은 박사들이 있었다. 여기서는 기초 식물 과학에 집중하고, 소농들을 위한 작물로서 코코아에 특별한 관심을 쏟았다. 이 연구소는 소농들이 코코아나무 첫 열매를 생산하기까지 걸리는 3년~5년 동안 다른 농작물을 기를 수 있도록, 간작間作 프로그램을 개척하였다.

타포에서 그들은 코코아 재래종을 브라질에서 들여온 새로운 아마존 종과 교잡하여 더 나은 맛과 더 많은 원두, 더 높은 생산량을 내면서 질병에 강하고 빨리 성장하는 새로운 코코아 교배종을 개발하였다. 재래종은 5년 후에야 첫 수확을 내는 반면, 새로운 종은 단지 3년 만에 두 번의 수확을 생산하였다. 이러한 차이는 변경의 소농들에게는 중대한 차이였다. 연구소는 이 교배종이 서부 아프리카에서 가장 생산성이 높다고 평가한다.

우리는 건물을 옮겨 다니며 식물과 곤충, 그리고 질병을 연구하는 사람들뿐 아니라 코코아 부산물 연구 부서와 경제학자들을 만났다. 이 연구소는 소농들이 키우는 작물로서의 코코아에는 중요한 역할을 하지만, 이들이 주장하는 농화학적 접근 방식에는 자본이 많이 들어 농부들이 자신의 코코아 농장을 위해 실제로 감당할 수 있는 현실 사이에 끊임없는 거리가 있다는 것을 쉽게 알아챌 수 있었다.

우리는 분소Bunso에 있는 코코아 마케팅 위원회의 농업대학으로 갔다. 이곳의 분위기는 확실히 좀 더 침체되어 있었다. 구조 조정 개혁은 농업 연계 서비스까지 깊이 영향을 미치고 있었다. 코코아 마케팅 위원회는 대략 십만 명이었던 직원들을 만 명 이하로 축소하였다. 이 같은 변화는 엄청난 영향을 미치고 있었다. 대학의 행정 직원인 알프레드 노틀리Alfred Nortley는 말한다. "업무량은 두 배로 늘어났고, 업무 윤리는 완전히 사라져 버렸습니다. 맡은 업무를 수행하는 것은 거의 불가능하고요. 게다가 농부들은 심하게 불평하기 시작했죠." 연계 부서에 일자리가 없기 때문에 대학은 현재 연계 부서 직원들을 더 이상 교육시키지 않는다. 이것은 또한 연구소 본부의 낙담과 좌절을 설명해 준다. 연구소의 작물학을 농부들에게 전달하는 것은 연계 부서 직원들의 업무기 때문이다.

코코아 마케팅 위원회의 축소

코코아 마케팅 위원회에 쓸데없이 설치된 기능은 없으며, 감원 또한 필요하지 않다는 것에 대해 누구도 부정하지 않을 것이다. 많은 직원들과 위원회의 각 기능은 최소한의 비용으로 유지되었으며 코코아 농부의 입장에서는 더 저렴한 가격을 정보와 서비스를 위해 지불하는 셈이었다. 오늘날 농부들이 받는 가격은 국제 가격의 50퍼센트까지 올라갔으며, 마케팅 위원회의 헌신으로 65퍼센트에서 70퍼센트까지 올라가기도 한다. 그러나 구조 조정은 마케팅 위원회가 수행해 왔던 농부들에 대한 많은 유용한 서비스들을 축소시켰고, 위원회는 사람들의 요구에 둔감한 조직이 되어

가고 있다. 이것을 구조 조정의 다른 효과들과 같이 놓고 보면, 국제통화기금과 세계은행 개혁의 주요 수혜자가 되어야 할 코코아 농부들의 사정이 결코 나아지지 않았다는 것이 명확해진다. 원자재의 가격이 비싸졌을 뿐 아니라, 가나 국민의 평균 생활비도 하늘을 찌르게 되었다. 내가 가나에 있는 동안, 단 한 명도 구조 조정에 대해 긍정적으로 말하는 것을 보지 못했다.

아크라로 다시 돌아가면서, 샘과 나는 농부들의 생활에 나타난 또 다른 변화에 대해 이야기를 나누었다. 먼저 교육과 의료 서비스에 대한 수익자 부담금이 특히 무거워졌다. 단순히 학교에 다니는 비용조차 감당할 수 없는 사람들에 대한 수많은 사연들이 있었다. 대부분의 사람들에게 고등 교육은 생각할 수도 없는 일이다. 샘은 특히 의료 비용이 끼치는 효과에 대해 잘 알고 있었다. 그는 돈이 없거나, 은행 업무 시간이 끝나 현금을 손에 쥘 수가 없어서 한밤중에 병원을 빠져나와 위독한 가족을 집으로 데려와야 했던 사람들의 이야기를 해 주었다. 샘은 머리를 흔들며 생각에 잠겨 창문 밖을 응시했다. 그가 천천히 말했다. "예전의 가나에는 이런 일이 없었어요."

공공 수입을 지탱하도록 돕고 국제 채권자에 대한 가나의 의무를 다하기 위해, 또한 평가절하된 세디(Cedi, 가나의 화폐 단위. 옮긴이)로 인한 높은 수입 비용을 복구하기 위해, 국제통화기금과 세계은행은 다른 모든 판매세를 대체할 부가가치세를 요구하였다. 그 기본적인 생각은 세금의 일부를 코코아에서 전이시켜 생산을 장려하는 것이었다. 그러나 정부가 17퍼센트의 세금을 부과하려

하자, 평소에 평화적이던 가나 사람들마저 거리로 나와 항의 시위를 했다. 그들은 "빨리 나를 죽여라!(kume preko, 구조 조정에 의한 서서히 다가오는 죽음과 대비한 의미로)" 하고 울부짖었고, 경찰은 몇몇 시위자들을 구속하고 총으로 쐈다. 그러나 폭발적인 항의는 정부의 방침을 철회시킬 정도로 거대하였다.

코코아 협동조합

코코아 협동조합Kuapa Kokoo의 본부는 가나에서 두 번째로 큰 도시이자 아샨티Ashante 왕국의 수도였으며, 세계 최대 코코아 생산국 가나의 핵심인 쿠마시Kumasi에 있다. 커다란 저택 같은 건물의 두 층을 쓰고 있는데, 사무실에 오고 가는 사람들의 숫자로 미루어 볼 때 이곳에서 수많은 코코아 관련 업무들이 일어나고 있다는 것을 짐작할 수 있다. 많은 일들이 분주히 일어나는데도 이곳은 전혀 숨 막히고 답답한 사무실이 아니다. 코코아 농부들은 둘러앉아 수다를 떨고, 일부는 커다란 침실이 있는 층에서 밤을 보냈다. 코코아 협동조합 회원들의 협동조합에 대한 소유 의식과 친근감을 분명히 느낄 수 있었다.

코코아 협동조합은 여러 가지 얼굴을 가지고 있다. 농부들의 조합이면서 회원들의 코코아 구매 회사이며, 신탁 기금이기도 하다. 조합은 1993년에 시작했는데, 당시 코코아 마케팅 위원회의 농부 대표 나나 프림퐁 아베브리세Nana Frimpong Abebrese는 "내부 구입의 부분적 사유화는 코코아 농부들을 부도덕한 사기업의 손에 방치되도록 할 것"이라고 예견하였다. 그는 이전에 중간 상인과 대금업자들이 농부들에게 횡포를 부리던 시절로 돌아가지나 않을까 걱정하였다. 이를 피할 수 있는 최선의 방법은 농부들 스스로가 자신의 코코아를 모으고 팔아서 이윤을 낼 수 있도록 스스로 조직하는 것이라고 생각하였다. 이를 위해 조합은 먼저 그들 소유의 구입 회사를 설립해야 했다. 가나 회사법에 따르면 협동조합이 코코아 마케팅 위원회의 허가 없이 코코아를 사고파는 것은 불법이었기 때문이다.

코코아 협동조합은 어떻게 움직이는가

지역사회는 가나 코코아 협동조합의 기본 조직이며, 그 회원 수는 열두 명에서 수백 명까지 다양하다. 가나 코코아 협동조합 초창기에 22개의 지역 사회에서 출발한 것이 지금은 160개로 크게 늘어났다. 가나 코코아 협동조합은 전 코코아 재배 지역에 걸쳐 3만 명 이상의 회원을 갖고 있다. 협동조합은 헌신적이고 열정적인 직원들에 의해 움직인다. '성과 사회 개발Gender and Society Development'이라는 조직의 현재 대표는 안나 안트위Anna Antwi라는 여성인데, 자신의 부서 활동을 벗어나는 코코아 재배학의 코코아 관련 학위와 교육에 대해서는 말을 삼가면서도, 지역사회 조직, 훌륭한 회의 실습, 여성의 인권 등을 열정적으로 옹호하고 활동가들을 지원하고 있다.

코코아 협동조합과 같은 신출내기 풀뿌리 조직은 자신들의 주장이 아무도 알아주지 않는 허공 속의 외침이 되거나 족벌주의에 빠질 위험을 피하기 위해, 옳은 일과 해야 할 일 사이의 균형을 잡는 것이 중요하다. 활동가들은 현 사회를 강화하거나 새로운 사회를 세우기 위해 현장에서 많은 시간을 헌신한다. 대부분의 가나 코코아 협동조합 활동가들은 코코아 농부들의 주장과 이익을 위해 헌신하면서도 일 년 코코아 수확이 국가 전체에서 갖는 중요성을 인지하여 중심을 잘 잡고 있다. 전 사회 개발 관리였던 나나 앤슨Nana Anson은 분명했다. "가나는 코코아 농부를 등에 업고 발전해 왔습니다. 도로, 병원, 학교 등 모든 것이 코코아에서 나오지요."

전全 가나를 통해 외면을 당한 구조 조정 프로그램이 가나 코코아 협동조합이 존재할 수 있는 조건을 제공했다는 사실은 모순이다. 구조 조정은 코코아 마케팅 위원회가 내부 구입의 독점을 포기함으로써 농부들 자신이 이 역할을 수행할 수 있도록 하였다. 따라서 사실상 마케팅 위원회는 약속을 지킨 셈이다. 생산자 가격이 약속한 대로 시장 가격의 55퍼센트를 넘어서 60퍼센트까지도 올라가고 있다. 그러나 농부들이 올라간 가격에 열광하는 동안 이 분야의 활동가들은 세계은행과 국제통화기금에 의해 움직이는 코코아 시장의 전반적인 자유화에 대해 경계하고 있다.

그 밖의 지역에서는 무슨 일들이 일어나고 있는가

코코아 구입을 개방하고 외부 기업들에게 수출하는 서아프리카의 카메룬이나 나이지리아 같은 나라들은 코코아 질의 저하, 가격의 하락, 그리고 빠른 이윤을 내려는 갑작스러운 수요 급증으로 몸살을 앓아 왔다. "가나는 세계 최고의 코코아를 생산하고 있으며 우리는 가격에 프리미엄을 받습니다. 이러한 최고 품질을 관리하는 것은 코코아 마케팅 위원회의 품질 관리 부서의 책임입니다." 나나 앤슨이 조심스럽게 말했다. 또한 그는 한때 중요한 역할을 했던 농촌 신용 체계가 강제된 개혁에 의해 몰락한 것처럼, 구조 조정이 농부들에게 준 다른 해악에 대해서도 재빨리 강조했다. 대부분의 농부들은 은행이 요구하는 엄격한 담보 조건을 충족할 수 없어서, 결국 필수적인 신용 없이 사채업자와 구입 기업들에서 최고 백 퍼센트의 이자를 내고 자금을 빌리게 된다.

가나 코코아 농부들에게 가나 코코아 협동조합이 얼마나 매력적인지는 쉽게 이해할 수 있다. 그들은 자신만의 방식으로 운영을 할 뿐 아니라, 훨씬 나은 거래 조건을 제시하기 때문이다. 최근 3년간 다른 새로운 회사들과는 거의 거래를 하지 않은 채, 가나 코코아 협동조합은 코코아 한 자루당 평균 5백 세디를 코코아 마케팅 위원회의 가격에 더하여 모든 농부들에게 특별 수당으로 지급했다. 추가로 한 자루당 3백 세디씩은 그들 자신의 업무와 활동을 위한 지역 마을 단체의 금고로 들어갔다. 연말에는 각 단체의 대표 네 명(남녀 각각 두 명씩)이 한 해의 이윤을 나누기 위한 대규모 회의를 위해 쿠마시에 왔다. 최근 2년 동안 이윤은 한 자루당 7백 세디까지 모였다. 이것은 미국 돈으로는 단 몇 센트에 지나지 않고 보잘것없는 몫으로 보일 수도 있지만, 쪼들리는 농부들에게는 커다란 차이다.

가나 코코아 협동조합 생산량의 약 11퍼센트는 '더 데이 초콜 릿 컴퍼니the Day Chololate Company' 와 '더 바디샵' 같이 천연 화장품 제조를 위해 공정 무역 코코아 버터를 사용하는, 유럽의 공정 무역 단체들에게 팔린다. 영국에 본부를 두고 있는 공정 무역 단체인 트윈 트레이딩이 판매 중계를 돕는다. 그러나 가나의 생산자들이 이러한 공정 무역 단체를 전적으로 신뢰하는 것은 아니다. 가나 코코아 협동조합이 그들을 위해 한 해 동안 할당한 코코아 전량을 위의 공정 무역 단체가 구입하지 않을 수도 있다는 일말의 두려움을 갖고 있기 때문이다.

공정 거래업자들

공정 거래업자들은 그들이 구입하는 것에 대해 천6백 달러(현재 시장 가격은 8백 달러다.)의 최소 원두 가격과, 일 톤당 150달러의 '사회적 프리미엄'을 기준으로 가나 코코아 협동조합에게 특별수당을 돌려준다. 나는 이 특별수당이 농부들에게 직접 지급된다고 생각했으나, 지역사회 기반 시설을 지원하기 위해 신탁 기금으로 들어간다는 설명을 듣고 매우 놀랐다. 이미 삼십만 달러 이상이 모인 '가나 코코아 협동조합 농민 신탁 기금Kuapa Kokoo Farmers' Trust' 은 여러 지역 사회들에서 의료 기관, 용수 구멍 시굴 water bore holes, 학교와 신용 계획의 향상 같은 제안서를 접수한다. 각 가나 코코아 협동조합 마을마다 용수 구멍을 파는 상시 프로그램이 있다.

가나 코코아 협동조합의 사회 개발팀은 또한 지속 가능 농업 sustainable-agriculture 공무원의 도움을 빌어 통합적인 해충 관리를 가르치고, 여성 회원들의 재정적 안녕과 권리 증진을 확보하기 위한 프로그램을 운영한다. 공무원들은 현재의 구조 조정 정책이 가격 보조금을 금지하고 있기 때문에 많은 농부들이 값비싼 수입 살충제를 더 이상 감당할 수 없다고 지적했다.

전 세계적으로 코코아는 모든 농산물 가운데 가장 농약을 많이 뿌리는 작물의 하나다. 따라서 적어도 부분적인 '유기농'의 도입은 공정 무역을 향한 실질적이고 철학적인 첫 걸음이 된다. 코코아의 품질에 대한 자부심은 누구나 갖고 있다. 따라서 '파파 파papa pa', 즉 최고 중의 최고를 원하는 공정 무역 단체 사이에서는 당연히 인기가 높다. 가나 코코아 협동조합 트럭들의 번호판에는 모두 '파파 파papa pa'가 단정하게 새겨져 있다.

코코아는 다른 많은 개발도상국의 수출 작물과 비슷한 측면을 가진다. 경제학적으로 말하자면, 코코아는 국내 경제에 대한 구조적 연계나 기술 개발에 의한 파급효과, 즉 스핀오프가 부족하다. 개별 농부들에게 생기는 직접적인 수입, 혹은 공공 지출로 가는 수입 외에, 코코아 재배를 통해 파생되는 일자리 창출이나 산업 활동은 매우 드물다. 코코아 생산 국가들은 코코아를 수출하기 전에 일부 공정을 조금씩 맡고 있는데, 이것이 약간의 새로운 고용을 만들어 내기는 한다.

가나산 초콜릿

가나의 항구 도시 템파Tempa와 타코라디Takoradi에 우수한 코코아를 다량 함유하고 있는 골든 트리Golden Tree 초콜릿을 생산하는 작은 초콜릿 공장이 있다. 그러나 이 초콜릿은 높은 관세 장벽(유럽에서 34퍼센트의 관세가 부과된다.)으로 선진국에서 철저히 외면당하여 보잘것없는 규모로 남아 있다. 이 초콜릿의 대부분은 작은 국내시장에서 소비된다. 초콜릿은 대부분의 가나 사람들이 만져 볼 수 없는 사치품이다. 골든 트리를 위한 지역 시장을 건설해 보고자 하는 야심도 있으나, 이러한 시도가 성공한다 해도 시장은 사회 다수의 저소득과 다국적 초콜릿 기업들의 저렴한 가격 경쟁으로 제한될 것이다.

따라서 전체 사회의 필요를 충족하기 위해 코코아에서 창출되는 부의 일부를 분배하는 방법으로 정부가 코코아 수출에 세금을 부과하는 방법이 부당한 것은 아니다. 서아프리카의 가나와 코트디부아르와 같이 대량으로 코코아를 생산하는 나라들에서는 이러한 세금 징수가 코코아 소농들에게 너무 많은 국가 지출을 부담시키는 지경까지 이어졌다. 이것은 코코아 경제의 지속 가능성을 위협하고, 이제는 그 영향이 역으로 농부들의 수확에 대한 더 나은 거래 조건을 형성해 주고 있다. '분배 효과spread-effect'는 노동자들이 하루 1달러를 버는 인도네시아의 화학비료를 쓰는 대규모 농장보다는, 소농들이 재배하는 코코아 농장에서 더욱 중요하다.

 NO-NONSENSE

초콜릿 열풍의 간단한 역사

지금까지 알려진 코코아 원두의 첫 번째 사용은 달콤한 초콜릿이 아닌 매콤한 초콜릿 음료였다. 그 시기는 오늘날 남부 멕시코와 과테말라 지역에 위치했던 마야 제국(서기 250년~900년)까지 거슬러 올라간다. 초콜릿은 신성함, 다산과 풍요의 상징이었다. 그 후 북쪽의 아스텍 제국으로도 퍼져 나갔는데, 이곳에서는 원두가 통화로도 사용되었다. 초콜릿은 달콤한 맛을 선호하는 유럽인들을 위해 설탕을 첨가하고 나서야 스페인 정복자들의 입맛에 맞게 되었다. 그들은 초콜릿을 유럽으로 수송할 수 있도록 정제 형태로 만들었다. 스페인의 찰스 2세는 초콜릿 광신도였는데, 심지어 중세 종교재판의 희생자들이 사형되는 것을 지켜보면서도 초콜릿을 한 모금씩 홀짝이며 마셨다고 한다.

한동안 초콜릿은 유럽에 국한된 신비로운 사치품이었으나, 서서히 대륙 간 무역을 통해 퍼져 나갔다. 전문가들은 초콜릿이 과열된 열정을 식혀 주는지, 혹은 냉각된 열정을 뜨겁게 해 주는지 논쟁했다. 최초의 '초콜릿 중독자'들 중 한 명으로 알려진 마르키 드 사드Marquis de Sade는 초콜릿의 명성을 더욱 높였다.

네덜란드 인 반 호텐Van Houten에 의해 19세기 말에 발명된 코코아 프레스기는 원두에서 코코아 고체 가루가 분리된 코코아 버터의 추출을 가능하게 하였다. 그 결과 수많은 새로운 제과 산업이 생겨났다. 캐드버리Cadbury 회사는 프레스기를 영국으로 들여왔고, 재빨리 로운트리Rowntree와 제휴하여, 밀튼 허쉬Milton Hershey와 포레스트 마르스Forest E. Mars와 함께 미국으로 진출하였다.

오늘날 멕시코의 코코아 생산량은 세계 생산량의 2퍼센트에도 못 미친다. 19세기 말에 이르러 세계의 코코아 생산은 서아프리카로 이동하였다. 아마도 1878년에 가나의 목수였던 테테 쿠아르시Tetteh Quarshie에 의해 코코아 묘목이 밀수입 되었다고 추측된다. 가나는 1910년부터 1979년 사이 세계 최대 생산국이었다. 초콜릿 회사들, 구매자, 국제기관들은 몇몇 새로운 나라들에게 '기적의' 작물을 생산할 것을 장려하였다. 브라질과 다른 라틴아메리카 국가들이 코코아 생산량을 증가시키는 동안, 말레이시아와 인도네시아 같은 아시아 국가들은 대규모 플랜테이션을 조성하였다. 그 결과 공급은 증가하고, 가격은 폭락했다. 대부분의 플랜테이션들은 실패했고, 말레이시아는 시장에서 철수하고 있다. 코코아 플랜테이션은 서아프리카에서는 찾아보기 힘든 방식이다.

구조 조정의 구속

농부들에게는 적절한 가격을 받는 것이 중요한 반면, 개발도상국의 정부들에게는 건강, 교육, 농부 지원과 사회 기반 시설 유지와 같은 기본 요구를 충족시키려다가 국가 재정이 곤란해지지 않도록 하는 것 또한 중요하다. 그러나 불행하게도 구조 조정에 의해 이들의 활동은 억제되고 있다. 가나에서는 이러한 문제가 코코아 농부들의 노쇠화나 농업 인구의 부재 문제와 뒤섞여 있다.

또 다른 잠재적 파급효과는 비료, 동물 사료, 비누뿐 아니라 코코아 가루로 만드는 각종 케이크, 비스킷과 잼 등 코코아에서 얻어 낼 수 있는 엄청난 숫자의 부산물들이다. 이러한 것들은 테마 Teme에 있는 코코아 연구소에서 실험되어 왔는데, 이 연구소는 발효 과정에서 코코아 원두에 맺히는 수분으로 만든 진과 브랜디 역시 생산하고 있다. 이것들 중 어느 것도 국내 총생산에 크게 더해지는 것은 없지만, 이러한 시도들은 코코아 농업이 뿌리박고 있는 생존 경제에서는 매우 귀중한 부분이다. 작물의 완전한 이용은 가나 농촌의 삶의 방식과 사회 안전 시스템을 유지시키는 데 도움을 주기 때문이다.

4 과테말라와 카리브 해 지역의 바나나

뒤틀린 바나나 무역

국제무역

로메 협정

조사가 시작되다

노동조합 활동가

노동자들을 만나다

임금 동결

화학 칵테일

다음 목적지, 도미니카

바나나 생산자들의 고충

더 많은 것은 더 적은 것을 의미한다

도미니카공화국

사비드의 도미니카 구출 작전

신선한 접근

부수적인 이익

공정하게 거래되는 유기농 상품

연대의 결성

FAIR TRADE

단 한 개의 바나나도 생산하지 않는 미국과 유럽연합이 바나나 수출을 두고 무역 전쟁을 벌인 까닭은 무엇인가?
위기에 빠진 개발도상국의 바나나 농부들이 살아남을 수 있는 길은 어디에 있는가?

NO-NONSENSE
04

과테말라와 카리브 해 지역의 바나나

세계에서 가장 큰 풀을 둘러싸고 전쟁이 일어난다. 세계무역기구는 왜 광기 어린 노예제도와 환경 파괴적인 행위를 조장하는가? 완벽하고 공정한 형태로 거래되는 유기농 바나나를 위한 무역은 무엇인가?

공정 무역은 적대적인 세계에서 어떻게 번창해 나갈 것인지를 배워야 한다. 국가 간 협정은 무역이 종종 소규모 접전이나 전쟁을 개입시켜야 한다고 말한다. 그러나 한쪽이 넓은 칼자루를 쥐고 나타나고 다른 한쪽은 현대식 무기를 갖추어 나타나면, 명예로운 전투라는 그림은 사라진다.

교만한 두 명의 싸움꾼은 종종 너무나 사소한 문제에 대해서까지 전투장에서 난잡하게 싸우게 된다. 현재까지 상당 기간 동안 미국과 유럽연합 사이에 벌어지고 있는 모습이 바로 이렇다. 이들의 논쟁은 비행기 소음만큼이나 시끄러운 쇠고기 분쟁에서 시작하여, 최근 몇 년 동안 가장 시끄러운 말다툼이었던 동부 카리브 해 지역의 자그마한 윈드워드 제도Windward Islands의 바나나에 대한 것으로 이어지고 있다.

모든 전쟁은 전쟁광을 필요로 하는데, 1999년의 바나나 전쟁에서 그 역할은 칼 린드너 주니어Carl H. Lindner Jnr.가 맡았다. 그는 아메리칸 파이낸셜 그룹American Financial Group의 회장인데, 이 회사는 돌 푸드 컴퍼니Dole Food Company, 델몬트 후레쉬 프로듀스Del Monte Fresh Produce, 세계 과일 무역 대부분을 장악한 바나나 대기업 치키타 브랜드 인터내셔널Chiquita Brands International을 소유하고 있다. 1999년 중반에 린드너 회장은 유럽 바나나 정권에게 받아야 할 5억 달러를 청구하고, 미국 정부가 자신을 위해 대신 받아 주기를 원했다.

분명한 것은 칼 린드너 주니어는 자산가라는 것이다. 그의 재산은 약 8억 3천만 달러로 추정되며, 이 중 대부분은 미국의 저축 기관과 대출 기관들의 암흑 지대에서 챙긴 것이다. 음주, 흡연, 욕지거리를 절대로 하지 않는 엄격한 침례교도로 "살아 있는 동안 베푸십시오. 당신이 베푼 것이 어디로 가는지 알게 될 것입니다." 같은 격언이 적힌, 금으로 장식된 하얀 카드를 나누어 주는 버릇이 있다. 그럼에도 공화당을 선호하며, 1996년 대통령 선거 동안 로버트 돌Robert Dole에게 회사 제트기를 대여해 주었는데, 민주당으로 대세가 쏠리자 빌 클린턴Bill Clinton에게 재빨리 5십만 달러를 보냈다.

며칠 후, 몇 년간 부글부글하던 미국과 유럽연합의 바나나 전쟁이 충분히 끓어올랐다. 결과를 놓고 볼 때, 만약 린드너가 그가 받아야 한다고 계산한 5억 달러를 받았다면, 그는 빌 클린턴에게 후한 재투자를 했을 것이다.

뒤틀린 바나나 무역

바나나의 뒤틀린 세계로, 혹은 왜곡된 국제 바나나 무역 비즈니스로 들어가 보자. 여기에는 약간의 차이가 있다. 바나나 전쟁은 바나나를 전혀 재배하지 않는 두 나라, 미국과 유럽연합 사이에 일어난 것이다. 다른 한편, 세계에서 바나나를 가장 많이 생산하는 두 나라인 브라질과 인도는 대부분을 국내 소비를 위해 재배하기 때문에 국제무역에 대해 관여할 여지가 별로 없다.

열대 지역 대부분에서 세계에서 가장 큰 풀에 열리는 과일인 바나나는 풍부한 영양 식품으로 소규모 농부들에게 받아들여졌다. 바나나는 거대한 파와 같은 구조를 가진 놀라운 식물이다. 한 가정의 소비를 위한 몇 개의 묘목부터 지역 시장에 팔기 위한 작은 구획의 밭까지, 수많은 방식으로 자라는 많은 종들이 있다. 바나나는 빨리 자란다. 줄기는 바나나 열매가 수확되면 죽지만,

■ 깊이 읽기

바나나는 여러해살이 풀

바나나는 나무가 아니라 거대한 여러해살이 풀이다. 나무줄기처럼 보이는 부분은 파처럼 여러 장의 잎이 서로 감싸고 있는 것이다. 열대아시아가 원산지며, 높이가 3미터~10미터까지 자란다. 땅속 깊이 들어가는 뿌리와, 뿌리털이 달려 땅 밑 30센티미터 정도에서 옆으로 퍼지면서 흡수 작용을 하는 뿌리가 있다. 꽃은 7, 8월에 흰색으로 핀다. 수술은 다섯 개, 암술은 한 개다. 종자가 있는 품종과 종자가 없는 품종이 있다.

그 다음에 자랄 새로운 줄기들이 이미 자리를 차지할 준비를 한다. 적절한 토양과 기후에서 세심하게 관리한다면, 바나나는 30년 동안 3, 4에이커의 땅에서 일주일마다 약 100개~200개씩 달린 예닐곱 다발을 생산할 수 있다.

국제무역

전 세계 바나나의 약 4분의 1이 안 되는 양이 국제무역과 관계되어 있고, 이는 오로지 바나나 비즈니스와 접할 때뿐인데, 여기서는 일들이 조금씩 뒤틀릴 수 있다. 오로지 드와프 카벤디쉬(Dwarf Cavendish, 일명 몽키바나나) 혹은 그란 에나노Gran Enano의 한 가지 종류만이 세계 바나나 무역에서 선호된다. 중앙아메리카, 북 라틴아메리카, 아프리카와 아시아 일부에 걸친 대규모 농지에서는 많은 수의 복제 종들이 평평한 땅에서 자라나는데, 그 중 많은 수가 허리케인에 휩쓸려 간다. 바나나가 자라는 벌채된 산림 자리들은 메마르고 침식되었다. 바나나는 독성 있는 화학약품에 의해 끊임없이 처리된다. 익지 않은 바나나 열매들은 녹색을 띠고, 손상되기 쉬우며, 꼭지부터 먹을 수 있는 상태가 아니다. 이 바나나 다발들은 더 많은 화학약품으로 세척하기 위해 케이블에 도살당한 짐승처럼 매달린다. 등급을 매기고 상자에 포장된 뒤 냉장 시설된 배에 실려 유럽과 북아메리카로 보내는데, 이 불운한 과일은 그 후에 슈퍼마켓에서 익게 되고, 진실에 무지한 채로 살아가는 세상 사람들이 수십억 달러의 엄청난 돈을 소비하고 싶어 하는 '양질' 의 이미지로 둔갑하게 된다.

　이것이 바로 우리가 선진국에서 먹는 과일의 80퍼센트를 차지하는 '달러' 바나나이고, 이 바나나는 치키타, 돌, 델몬트에 의해 좌우된다. 이 기업들은 또한 린드너의 아메리카 파이낸셜 그룹처럼 대재벌 기업들에 속해 있는 회사들이다. 이 거대한 세 개의 기업은 바나나 공급을 통제하고, 가격을 조절하며 음모를 꾸미는 것을 즐겨 하는 독과점을 구성한다. 1998년 5월, 일간지 『신시내티 인콰이어러 Cincinnati Enquirer』에서 치키타가 실제로 어떻게 사업을 운영하는가 하는 폭로성 기사를 저돌적으로 기사화했을 때, 치키타 회사는 『신시내티 인콰이어러』를 고소했다. 기사가 부정확했던 것을 문제 삼은 게 아니라, 취재 과정에서 기업의 내부 음성 메일을 이용하였고, 이것이 사생활 보호권을 위반했다는 것이 고소 이유였다. 신문사는 비굴한 사과 성명을 내고, 치키타에게 비밀리에 합의금(약 천만 달러로 추정되는 금액)을 지불했으며, 해당 기자는 해고된 뒤 기소되었고, 기사는 신문사 웹사이트에서 삭제되었다. 이 거대한 세 기업은 냉혹한 사업의 세계가 어떠한지를 분명하게 보여 준 것이다.

로메 협정

　저강도 바나나 전쟁의 다른 한편은 유럽과 그 수입 제도였다. 할당량, 면허와 관세라는 복잡한 그물망에서, 세계의 가장 큰 수입자인 유럽연합은 자신들의 예전 식민지 나라들의 바나나 산업을 보호하고 있었다. 이들은 1975년 체결되어 네 차례 갱신된 로메 협정에서 유럽이 깊숙이 관여했던 에이시피(아프리카 Africa, 카리브 해Caribbean, 태평양Pacific 국가들, ACP) 국가들로 분류된다. 로메 협약은 에이시피 국가들에게 번영으로 가는

• 로메 협정—1975년 토고의 수도 로메에서 맺어진 협정으로, 아프리카, 카리브 해, 태평양의 69개 빈곤 국가와 유럽 공동체 간에 맺어진 경제 발전 원조 협정이다. 옮긴이

여권과 같은 것이다. 그러나 바나나 수출은 몇몇 에이시피 국가들에게, 특히 윈드워드 제도의 도미니카, 세인트루시아, 세인트빈센트, 그레나다 같은 국가들에게는 핵심적인 것이다. 이곳의 바나나 생산자들은 거의 두 배가량 높은 가격을 받고 있는데, 이것은 '달러' 바나나 생산비를 거의 세 배가량 상승시킨다.

새로운 바나나 전쟁은 거대 세 기업, 특히 치키타가 수입이 짭짤한 이 사업에 손을 대려고 시도하면서 생겼다. 그들은 할당량 제한을 철폐하고 관세를 줄여 에이시피 생산자에게 돌아갈 몫을 줄이는 동시에 그들을 바나나 사업에서 퇴출시키려고 하였다.

1995년에 새롭게 등장한 국제무역기구(WTO)는 관세와 무역에 관한 일반협정(GATT)의 우루과이 라운드에서 발현한 할당량 제도만큼이나 복잡한 규칙을 실행하기 시작하였다. 국제무역기구는 새로운 규칙을 감독하기 위해서뿐만 아니라 그 규칙을 시행하기 위한 권한까지 위임받았다. 원칙적으로 이 규칙들은 자유무역을 선호하였으나, 실제로는 아무도 그것이 의미하는 바를 정확히 알지는 못하였다. 따라서 유럽의 바나나 정책이 자유무역의 규칙에 위배된다는 것을 보여 주는 것은 어렵지 않았다.

바나나 전쟁은 단지 바나나에 관한 것만은 아니었다. 더 첨예한 이해관계로 인한 갈등과 쟁점이 놓여 있었다. 이 전쟁은 다음과 같은 쟁점을 수반하였다. 정부, 국가, 무역 블록과 기업들의 상대적 권력 농업의 구조, 통제, 그리고 수익성 유럽연합의 공동 농업 정책(Common Agriculture Policy, CAP), 군소 섬들의 경제적 운명, 자유무역의 전리품 등등. 국제무역기구는 바나나 전쟁의 현장에서 현재까지 세계화의 대법원으로서 최고의 고자세로 재판을 진행할 권한을 부여받았다. 그리고 거대한 세 기업과 같은 기업 독과점의 이해를 충실히 반영하는 재판을 진행하여, 국제무역기구는 객관적이고 신중한 어떠한 판결도 보여 주지 못했다.

• **무역 블록**—무역 블록이란 국가 간 경계를 넘어선 자유무역을 허락하는 일련의 국가 그룹을 말한다. 종종 경제적 통합뿐 아니라 정치적 통합을 수반하기도 하는데, 북미자유무역협정(NAFTA), 유럽연합(EU) 등이 대표적이다. 개별 국가는 한 개 이상의 무역 블록에 가입할 수 있다. 옮긴이
(▶출처— Geography in the news, Royal Geographical Society, 2007)

반면, 개발도상국의 수천 명 바나나 생산자들의 삶은 위기에 처했다. 그들은 오래 전부터 그곳에서 살아왔다. 사실 그들은 그곳 이외의 다른 곳에는 거의 가 보지도 않았다. 바나나 생산자들은 어떻게 생각했을까? 그들에게 직접적으로 영향을 끼친, 그러나 그들 자신은 전혀 영향을 미칠 수 없었던 이 사건에 대해 어떻게 느끼고 있을까?

1999년 중반에 나는 이러한 질문에 대한 답을 찾기 위한 여행을 나섰고, 이 여행을 통해 이전에는 알지 못했던 수많은 사실을

발견했다. 바나나 전쟁은 과거의 뒤안길로 사라져 가는 두 주인공들 간에 일어난 다툼이라는 것이 명료해졌다. 이것은 한편으로는 유럽 체제의 식민주의 유산이며, 다른 한편으로 치키타와 미국 정부에 의해 촉발된 '달러' 체제의 플랜테이션 노예제와 생태 파괴적인 광기로 나타나는 것이다.

세계무역기구가 언제나 전자보다는 후자를 선호한다는 사실은, 이후에 그것이 몰고 올 파장이 유감스럽게도 아주 파괴적일 것이라는 사실을 암시하였다. 그러나 이들 두 과거의 유물 중 어느 것도 미래에 대해 아무 전망도 갖고 있지 않았고, 확신하건대 이것이 두 유물들이 살아남을 수 없었던 이유다.

따라서 우리는 무엇이 그들을 대체할 것인가에 의문을 제기해야만 한다.

이즈음 나는 이러한 대안으로 제시될 수 있는 수많은 공정 무역의 형태를 목격했다. 여기서 시야를 돌려서 공정 무역과 '유기농' 무역 간의 관계, 그리고 평등과 환경 간의 관계, 혹은 이러한 관계의 결여와 같은 굵직하지만 끊임없이 제기되는 문제의식에 대해 고민하는 것은 전혀 뜬금없는 일은 아니었던 것이다. 과연 공정하게 거래되고 유기농으로 제대로 키워진 '완벽한' 바나나를 발견하는 것이 가능할 것인가?

나는 크게 실망하고 싶지 않은 마음에 절대로 완벽한 바나나를 찾을 수 없을 것이라고 여겨지는 과테말라에서 여행을 시작했다. 짧은 카리브 해안선 상에 위치하며 온두라스와 벨리즈의 틈새에 낀 과테말라의 늪지대 평원에서는 현대적인 바나나 산업이 개발

•**바나나 공화국**―바나나 공화국banana republic은 과일 등 일차 상품의 수출로 유지되는 중남미의 소국들을 지칭하는 용어다. 중남미에 진출한 미국 자본의 거대한 지배력을 상징한다. 유나이티드 프루츠 사社가 온두라스와 과테말라로 바나나 산업을 진출시킨 것에서 시작하였다. 옮긴이(▶출처―『파스칼세계대백과사전』, 동서문화사)

되었으며, '바나나 공화국'이라는 용어가 처음으로 그 경멸적인 의미를 갖게 되었다.

조사가 시작되다

차표 검사원은 모기를 잡고 있었다. 고물 미국 스쿨버스가 그 지역에서 유일하게 어느 정도의 규모를 가진 항구 푸에르토바리오스(Puerto Barrios, 과테말라 북동쪽 대서양 온두라스 만灣에 면한 항구도시. 옮긴이)를 덜컹거리며 떠날 때, 검사원은 스쿨버스의 깨진 유리창 밖으로 모기를 쫓고 있었다. 이 장면이 왜 그렇게 이상하게 보였을까? 무엇보다도 이곳은 열대 습지기 때문에 수많은 모기에게 뜯기는 것은 당연한 일이었는데, 수고스럽게 모기 한 마리를 죽일 이유는 전혀 없을 것이다. 하지만 그제야 나는 도착 이후 그때까지 아직 한 번도 모기에게 물리지 않았다는 사실을 깨달았다. 그러고 보니 새들이 한 마리도 보이지 않았다. 그러고서야 나는 여기서 어떠한 생명체의 흔적도 찾기가 어렵다는 것을 갑작스레 깨달았다.

물론 바나나만큼은 예외다. 셀 수 없이 많은 수천 개의 바나나 나무들 말이다. 이 바나나무들은 몇 마일에 걸쳐 번호가 매겨진 구역에 늘어서 있었는데, 하나같이 녹색 군모에 꼿꼿한 자세로 빽빽하게 정렬해 있는 처량한 군대 같았고, 하얀 플라스틱 봉

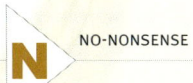

거대한 바나나 시장의 분할

거대한 세 기업의 바나나 가격은 확실히 '싸다'. 그러나 바나나의 실제 생산 비용은 실제 가격과는 차이가 있다. 에콰도르는 현재 혼란에 빠져 있다. 에콰도르는 소용돌이치는 경제 위기를 해결하기 위해서 외화 확보가 절실해졌고, 이에 따라 세계시장에 엄청난 양의 바나나를 풀어 놓았는데, 이는 결과적으로 가격 폭락을 야기하여 거대 세 기업조차 경제적 위기를 맞게 되었다.

바나나 한 상자의 생산 비용 가운데 절반 이상은 생산에 들어간 중노동에 의한 것이다. 에콰도르나 다른 중앙아메리카의 플랜테이션 경제의 임금은 대략 도미니카나 세이트빈센트와 같은 윈드워드 제도에 있는 소농들이 받는 수준의 절반 정도인데, 이것은 결코 그들에게 후한 액수가 아니다. 플랜테이션 경제는 실질적으로 노예노동에 기대 번성하는 것이다.

플랜테이션 시스템은 엄청난 양의 독성 화학약품을 사용하는데, 이는 산업화된 국가들의 집약적 농업 시스템에서의 사용량의 열 배도 넘는 수준이다. 선충들을 죽이는 선충구제약은 수만 명의 플랜테이션 노동자의 불임을 야기하였다.

플랜테이션은 또한 지역 환경을 파괴하였다. 정교한 관개 시스템은 토양에서 영양분을 걸러 내고, 구리 같은 다른 잔여물과 배합되어 토지를 비옥하게 한다. 표면으로 노출된 손상되기 쉬운 토양과 한 곳으로 집중된 관개시설은 토양의 침식을 불러 왔으며, 열대 태풍이 닥쳤을 때 생길 수 있는 홍수를 증가시켰다. 수많은 물고기와 산호, 동물들이 독성 화학약품에 의해 사라져 갔다.

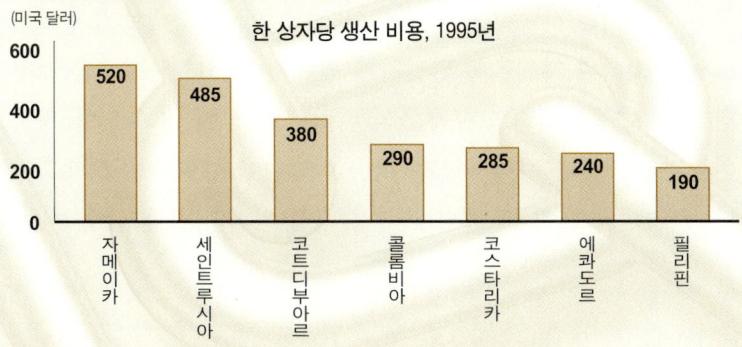

▶ 출처—UNCTAD.

지는 마치 펄럭이는 깃발처럼 바나나 다발 위에서 바람에 흩날리고 있었다.

이곳은 유나이티드 프루츠 사社의 직계 후속 회사인 치키타의 과테말라 영역이다. 이곳 사람들은 이 회사를 '엘 뿔뽀(el pulpo, 문어)'라고 부르고는 했는데, 이 회사의 촉수들이 과테말라 사람들의 삶의 모든 틈 사이로 끼어들었기 때문이다. 1899년에 설립된 유나이티드 프루츠는 바나나 재배의 플랜테이션 체제를 개척하였으며, 1949년경에는 자메이카, 쿠바, 도미니카공화국, 파나마, 온두라스, 니카라과와 콜롬비아 일대의 350만 에이커를 소유하였다. 그러나 가장 커다란 소유지는 푸에르토바리오스와 모든 철도를 소유하였던 과테말라에 있었다.

1954년, 유나이티드 프루츠 사는 선거로 선출된 야코보 아르벤스Jacobo Arbenz 정부를 타도하기 위해 전설적인 홍보 전문가 에드워드 버네이스Edward Bernays의 지휘 아래 미국의 지원을 조정하였다. 아르벤스 정부는 유나이티드 프루츠의 토지 40만 에이커를 몰수하고 바나나 노동자들의 더 나은 급료와 노동 조건에 대한 요구를 수용하려 하였다. 하지만 폭력적인 진압이 연이어 일어났고, 그 후로 현재까지 나라 전체가 고통에 빠져 있다. 미국 정부는 유나이티드 프루츠가 미국 외교 정책을 제멋대로 주무르며 벌였던 죄상과 자신들이 밀접하게 연관되어 있다는 사실을 걱정한 나머지 유나이티드 프루츠의 바나나 독점에 대해 연방 정부 반독과점 소송을 시작하였고, 결국 1958년에 이 회사는 해체되었다. 오늘날 거대한 세 개의 바나나 기업 치키타 브랜드, 돌 사社,

델몬트 후레쉬 프로듀스는 유나이티드 프루츠의 후손들이며, 이들 기업의 유사점은 지금도 명확하게 드러나고 있다.

노동조합 활동가

펠리시아노Feliciano는 버스에서 내 옆에 앉았다. 그는 내 옆에 앉아서 나를 보살펴 주고 있었다. 하지만 조합 활동 자체가 위험한 곳에서 활발하게 일하는 노조 조합원이었던 그는 과연 누구의 보호를 받는 것인지 나는 알지 못했다. 친절하면서도 진지한 모습으로 그는 바나나 플랜테이션의 삶이 어떠한지를 나에게 보여 주기로 했다. 펠리시아노의 가족은 지난 60년간 바나나 농사를 지어 왔다. 아버지는 처음에는 절대적인 빈곤에 시달리다가 결국 소규모 자작농으로 '퇴직' 할 수 있었지만, 그와 그의 모든 형제들은 여전히 플랜테이션에서 일하고 있었다.

버스가 천천히 멈추어 섰다. 바나나 수액으로 더럽혀진 조끼를 입은 남자가 빗자루처럼 생긴 무엇인가에 앉아 있었는데, 바나나 나무들 사이에서 나와 우리가 타고 있는 버스 한쪽으로 지나가더니, 앞에 있는 도로 건너편으로 걸어가서 다른 쪽 나무 사이로 사라졌다. 아까 모기를 죽였던 차표 검사원이 버스에서 내려 멈춰 선 버스를 밀어 다시 나갈 수 있게 하였다. 머잖아 우리는 빗자루를 타고 있던 그 남자를 따라잡았다. 그는 두 개의 막대기로 바나나 나무들을 리듬감 있게 치면서, 마치 동화『피터 팬』에 나오는 팅커벨처럼 바나나 열매를 끌고 가기 위해 만들어진 공중 케이블을 따라 지글지글 타고 있는 햇빛 속으로 날듯이 가 버렸다.

"버스를 세워 주세요! 내리겠어요!" 좀 더 가서 펠리시아노가 소리쳤다.

우리는 버스가 떠나면서 일으킨 먼지 속에서, 물결 모양으로 주름진 크고 어두운 철제 창고 앞에 서 있었다. 철제 아래쪽은 환기를 위해 바닥에서 들어 올려져 있었다. 안에는 빈 콘크리트 탱크, 강철 롤러가 있는 작업대, 그리고 기능을 알 수 없는 산업 기계들이 있었다. 체스 판의 사각형 모양을 잉크로 새겨 넣은 나무 테이블도 있었다. 여기에서 옥따비아노Octaviano와 기예르모Guillermo가 우리가 접근하는 것을 조심스레 바라보았다.

"앨라배마 애리조나에 오신 것을 환영합니다." 펠리시아노가 말했다. "여기는 빅토르 마뉴엘 모랄레스Victor Manuel Morales에 속한 핑까(문자 그대로는 '농장'을 의미하지만, 여기서는 '플랜테이션'을 뜻한다.)입니다. 적어도 이론상으로는 그렇습니다. 우리의 친구 옥따비아노와 기예르모가 설명해 줄 겁니다."

노동자들을 만나다

"우리는 굉장히 가난합니다." 옥따비아노가 말했다. "그야말로 완전한 궁핍이라고 할 수 있죠. 우리에게는 먹을 것도, 마실 것도 없습니다. 그들은 전기와 물의 공급을 중단했어요. 우리는 마실 물을 우물에서 길어다 먹어야 해요. 그런데 이 우물은 오염되어 있어요. 우리는 점점 오염되어 가고 있어요."

그의 떨리는 목소리에서, 너무 자주 언급되어 더 이상 아무런 반향을 불러일으키지 못하는 이야기에서 나오는 좌절감이 느껴졌다. "우리는 그저 여기 앉아 있을 뿐이에요. 기다리는 거죠. 예전에는 이백 명이 넘는 남자와 여자, 아이들이 있었어요. 그러나 일부는 떠나갔고 이제는 백여 명만이 남아 있어요. 내가 말한 것처럼, 우리는 그저 기다리고 있을 뿐이에요."

"무엇을 기다린다는 건가요?" 내가 물었다.

"뭔가가 일어나기를요." 옥따비아노가 말했다.

"그 일은 여자들에게 먼저 일어나기 시작했어요." 기예르모가 갑자기 끼어들어 이야기했다. "회사가 그들을 다뤘던 방법 말이에요. 그들은 여기 포장 공장에서 일하고 있었어요. 청소 탱크에서 그들을 아프게 만든 화학약품을 사용해야 했는데, 이 화학약품은 발을 다 까지게 했지요. 낮 동안 하루 종일, 그리고 늦은 밤까지도 계속 쓰라렸죠. 그들 중 많은 여성들이 미혼모였는데, 자녀들에게 수유하는 것이 허락되지 않았어요. 더 이상 우리가 참을 수 없는 지경에 이르렀죠."

"우리 자신을 보호할 수 있는 유일한 방법은 조합이었어요." 옥따비아노가 말했다. "여러 가지 소문이 주변에 퍼져 있었습니다. 회사는 신경질적으로 변해 갔어요. 플랜테이션의 일부는 강 건너편에 있고, 공중 케이블을 이용해 플랜테이션을 가로지르는 다리가 있었는데, 우리는 일하러 가기 위해 그 다리를 이용해야만 했지요. 그들은 무장한 경호원들과 개를 앞세우고 우리가 그 다리를 건너는 것을 저지하려고 했고 결국 우리를 해산시켰어요.

그래서 우리는 작은 배를 이용할 수밖에 없었지요. 강은 굉장히 위험해요. 종종 경호원들이 우리를 겁주기 위해 물속으로 총을 쏘기도 했죠. 그리고 우리들 모두는 일주일치 임금을 받지 못한 채 해고되었어요. 회사는 이 나라의 노동법을 어겼어요. 정부는 법을 집행해야 하지만, 하지 않고 있죠. 법원은 언제나 회사 편이에요. 그 이후로 우리는 복직되기를 기다리고 있어요."

"그 일이 언제 일어났어요?" 내가 물어보았다.

"지난 2월에요." 기예르모가 말했다.

"6개월 전에요?" 내가 놀라서 물었다.

"아니오, 18개월 전에요." 옥따비아노가 말했다.

내가 떠난 몇 달 후에 정부는 마침내 공식 인정된 노동조합의 처리를 추진하고 일부 노동자들을 복직시키게 되었다고 한다. 이것은 십중팔구 승산 없는 게임에서 얻어 낸 작고 가냘픈 승리였다.

도로를 따라 몇 킬로미터 더 내려가 우리는 수천 명의 사람들이 살고 있는 마을에 들어갔다. 이 사람들은 펑까 라 잉카Finca la Inca의 노동자 가족들이고, 이곳은 버스 노선의 종착지며 온두라스로 들어가는 길목이다. 왜소한 나무들과 보잘것없는 오막살이들이, 단 하나뿐인 도로 옆에 줄지어 있었다. 펠라시아노와 내가 마을을 산책하던 중 유니폼을 입고 공기총을 가진 한 사람이 따라왔다. 그의 뒤로는 펩시 배달 트럭이 따라오고 있었다. 이 트럭은 한때 펩시 밀매자들과 계약한 어린이들에 의해 급습 당하곤 했었다. 과테말라에서 가치란 그 주변을 경비하는 무기의 크기에 의해 결정된다.

먼저 우리는 프란시스코Francisco가 그의 집 밖에 앉아 있는 것을 보았다. 그는 핑까 라 잉카 노동조합의 간부였는데, 이 조합은 회사에서 공식적으로 인정받은 것이었다. 거대한 세 기업은 마지못해 그들이 관리하고 있던 일부 핑까 내 직종별 조합들을 아주 천천히 인정하기 시작하고 있었다. 이러한 변화는 1990년대 초반 바나나 노동자 조합들 간의 국제적 연대를 강화한 덕분이고, 코스타리카와 온두라스에 기반을 둔 바나나 노동조합 연합Co-ordinadora de Sindicatos Banameros de America Latina의 도움이 컸다고, 펠라시아노는 생각한다. 그러나 과테말라 노동법은 개별 사업장의 노동조합만을 허용하기 때문에 약 2백여 명의 노동자들을 갖는 각각의 핑까마다 한 개씩 수많은 소규모의 노동조합들이 있었으나, 이들 간의 의사소통은 매우 어려웠다.

프란시스코, 펠리시아노와 나는 자리에 앉았다. 의자가 두 개 밖에 없어서 프란시스코는 그의 아이의 의자에 끼어 앉았는데, 무게 때문에 의자는 거의 찌그러졌다. 플랜테이션에서 방금 여덟 시간의 노동을 마치고 돌아온 힘센 우발도Ubaldo가 합석했다. 그는 지쳐서 두 나무 사이에 걸쳐 있는 작은 해먹에 주저앉았다. 우리는 그들이 직면한 어려움에 대해서 이야기했다.

임금 동결

바나나 생산자들의 평균 임금은 시간당 63센트이고, 일주일에

28달러다. 이것은 3년 전부터 거의 고정되어 있었고, 이미 이 임금 수준을 재검토했어야 할 시기는 지나 있는 상태였다. 그러나 회사는 1998년 10월에 나흘 동안 이 지역을 덮쳤던 끔찍한 허리케인 미치를 최대한 이용했다. 과테말라의 피해와 사망자 수는 비록 이웃한 온두라스 수준까지는 아니었지만, 그래도 이곳의 강 또한 다리들을 집어삼켰고 집은 진흙으로 가득했으며 강둑을 따라 있던 바나나 플랜테이션들은 물에 잠겼다. 회사는 미치 피해를 이유로 임금 동결을 연장하고, 이에 동조하지 않는 조합 회원들은 해고시켰다.

콥사(COBSA, 돌 사社의 과테말라 최전방 회사)는 한 단계 더 나아갔다. 위장 조합 회원들이 미치의 발생으로 인한 750만 달러 상당의 '피해와 손해'에 대한 책임은 독립적인 직능별 조합에 있다고 주장하면서 법적인 공방을 하도록 유도하였다. 무장한 경호원들과 경호견들이 핑까를 떠나도록 하기 위해 조합 회원들의 집 지붕을 벗겨 냈다. 법원은 정식으로 150명의 조합 회원들에 대한 체포 영장을 발부했다. 체포된 회원 중에는 과테말라시티의 조합 임원도 있지만, 대부분은 여전히 도피 중이다. 그들이 주장하는 과테말라에서의 '손실'이 발생한 당시, 체포된 과테말라시티 조합 임원은 영국에서 열린 빈곤에 대한 국제회의에 참석 중이었음이 여권에 기록되어 있었으나, 그런 사실은 재판정에서, 그뿐 아니라 다른 누구에게도 큰 도움이 되지 못하였다.(156쪽, '자유로운 노동조합의 어둡고 냉혹한 역사' 참고)

화학 칵테일

도로를 따라 공중 살포가 진행 중인 때에는 플랜테이션에 들어가지 말라고 경고하는 표시가 붙어 있었다. 거대한 세 기업은 노동자들이 플랜테이션에 있을 때는 절대 공중 살포를 하지 않는다고 일상적으로 주장한다. 펠리시아노, 프란시스코와 우발도는 이러한 주장을 듣고는 크게 웃었다. 만약 노동자들이 공중 살포를 할 때마다 밖으로 나오지 않는다면, 한 개의 바나나도 수확할 수 없을 것이라고 그들은 말했다.

"아침에는 그리 나쁘지 않아요." 우발도가 말했다. "그러나 더위가 점차 심해지면서 악취 나는 화학약품들이 마치 공기 중으로 올라오는 것 같죠. 한 번 들이마시면 구역질이 나면서 숨쉬기가 힘들어져요."

그 화학약품의 이름이 무엇인지 물어보았다. 그들도 이름을 몰랐다. 프란시스코가 푸른 플라스틱 조각을 집어 올렸다. 이것들은 맹독 농축물의 대체제로, 재배하는 과일을 보호하기 위해 비닐 주머니로 싸여서 종종 바나나 다발 줄기 주변에 놓여 있다. 그는 나에게 냄새를 맡아 보라고 했다. 정말 지독한 악취가 났다.

펠리시아노는 그가 일하는 파막산Pamaxan 플랜테이션에서 오랫동안 싸워서 힘들게 얻어 낸 조합 합의서의 복사본을 보여 주었다. 표면적으로는 조합을 공식적으로 인정하는 온건한 문서였다. 그러나 그들의 일상생활의 모든 것들을 규제하는 조항들이 있었다. 규제 조항은 노동조건과 임금 지불 관련 사항뿐 아니라 학교, 의료, 물과 전기 공급, 주택, 교통, 여가 시설, 조합 도서관을 위한 책들, 풋볼 셔츠, 농구, 어린이들을 위한 장난감, 심지어 시계에 관한 내용까지 있었다.

핑까 라 잉카에서 나는 주변을 둘러보면서 조합 외에 회사에 의해 통제되지 않는 것이 과연 있는지 물어보았다.

"없어요." 프란시스코가 답했다. "저기에 있는 가톨릭 성당조차도 무관하지 않죠." 그는 길 건너 나무로 된 오두막집을 가리켰다. "회사는 그들에게 전기 공급을 중단했어요. 그래서 그들은 어둠 속에서 기도를 해야만 하죠."

'그는 바나나를 먹을까?' 하고 궁금해졌다.

"맙소사, 절대 안 먹죠!" 그는 정말로 놀란 표정으로 말했다. "여기 사람들은 자신의 노동으로 만들어진 과일은 안 먹어요."

유나이티드 프루츠에서 '문어발'처럼 뻗은 후손 기업들이 1999년 무렵까지, 지난 백여 년 동안 그들의 가치를 지역사회에 심으려고 했음에도, 그들은 아무것도 얻은 것이 없다고 나는 생각했다. 그 기업들도 가끔은 자신의 노동자들을 독성 물질에서 보호하고 너무 형편없지는 않은 수준의 임금을 지불하고 싶어 한다는 듯 행동하기도 했다. 그러나 모두 부질없는 짓이었다. 그들은 언제나 잔혹한 탄압을 동원하여 약속을 깼다. 그렇게 하지 않으면 망하고 말 것이기 때문이다. 사실, 바깥으로 드러나는 현대적이고 효율적인 농업 산업의 모습에도, 그들은 산업계에 있어 공룡 같은 존재들이다.

플랜테이션에서 일하는 사람들의 모습, 총과 경호견들, 도피에 대한 모든 이야기들은 내 마음 속에 단 한 개의 단어를 떠오르게 했는데, 그 단어가 지닌 민감한 의미 때문에 사용하는 것을 자제했다. 지쳐서 휴식을 취하는 우발도의 몸이 작은 해먹에서 흔들거렸다. 그는 침묵 속에서 허공을 바라보았다.

"이것은 단지 참혹한 가난이에요." 마침내 그가 입을 열었다. "우리는 이 가난에서 달아날 수 없어요. 이런 걸 도대체 뭐라고 하는지 알아요?"

"말해 보세요." 내가 말했다.

"노예제." 그가 말했다.

내가 마음속에 담았던 바로 그 단어였다.

다음 목적지, 도미니카

나는 완벽한 바나나에서 점점 더 멀어지고 있었다. 그래서 바나나 전쟁의 최전선의 다른 한쪽에서는 완벽한 바나나에 좀 더 가까운 무엇을 찾을 수 있을까 싶어 과테말라에서 카리브 해를 건너 윈드워드 제도로 날아가 도미니카를 방문했다.

"우리는 치키타 같은 생산자들과 경쟁하는 시장에 있고 싶지 않아요." 그레고리 쉴링포드Gregory Shillingford가 강조하면서 말했다. "맛도 없고, 엄청난 화학약품을 사용하며 노예노동을 활용하는 그런 과일과는 말이죠. 우리는 우리의 환경을 위험하게 하고 싶지 않아요. 우리는 모든 노동자에게 적절한 임금을 지불하고 소비자들과 좋은 관계를 증진하고 싶습니다."

이것은 일종의 상쾌한 변화였다. 만일 도미니카에서 이를 가능하게 한 사람 한 명을 꼽으라고 한다면 그것은 그레고리 쉴링포드라고 나는 생각한다. 도미니카 바나나 마케팅 협회(Dominica Banana Marketing Corporation, DBMC)의 총지배인인 그레고리는 이 섬의 바나나 무역을 대표하는 인물이며, 넓은 어깨에 막중한 책임을 지고 있었다. 도미니카 사람들은 바나나에 지나치게 의존하고 있다. 바나나는 국내 총생산의 20퍼센트를, 전체 수출 상품의 60퍼센트를 차지하며, 9만 명의 인구 중 커다란 비중인 만 명의 수입이 바나나에 관련되어 있다.

도미니카 사람들은 불가피하게 그들의 기대를 저버리기도 했던 단일 수출 작물, 바나나에만 자신들의 운명을 전적으로 의존하였다. 그러다 바나나 생산량이 곤두박질쳤다. 전성기였던 1988년, 7만2천 톤의 바나나가 약 6천 헥타르에서 7천 명의 생산자에 의해 수출되었지만, 가격이 폭락하고 허리케인 피해를 입은데다가 1992년 이후 유럽연합의 더욱 복잡하고 '자유화된' 단일 시장 등으로 큰 타격을 입게 되었다. 1998년에는 단지 2만8천 톤이 약 2천8백 헥타르에서 2천8백 명의 생산자들에 의해 수출되었는데, 이것은 절반 이상 축소된 규모였다. 섬 주변 마을에서 바나나 수출로 번 돈으로 수입한 기초 필수품을 팔던 가게들은 문을 닫아야 했다.

그런 와중에도, 유럽연합 시장에 대한 특혜는 계속되었다. 윈드워드 제도는 여전히 바나나 약 28만7천 톤의 연간 면세 할당량을 갖고 있었다. 그럼에도 그들은 종종 그 할당량의 반 이하만을 사용한다. 생산자들은 더 많은 바나나를 생산할 마음이 없거나 생산할 수가 없었다. 그들은 도무지 이 싸움을 계속할 수가 없었던 것이다. 유럽의 바나나 제도가 정말 좋은 거래 조건이었다면, 왜 이런 일들이 일어났던 것일까?

그레고리는 놀랄 만한 통계 자료를 제시했다. 도미니카 바나나 총 수확량의 80퍼센트 이상은 단지 천2백 명의 생산자가 생산한다. 나머지 천6백 명은 그들의 바나나를 구매해야 한다는 도미니카 바나나 마케팅 협회의 의무 조항에만 의존하였다. "우리는 그다지 신경 쓰지 않아요." 그레고리는 약간 냉담하게 말했다. "하지만 우리에게는 소작만 하는 농부가 아니라 사업가로서의 재배자가 꼭 필요하단 말입니다."

바나나 생산자들의 고충

자기 토지를 소유하고 있는 소규모 농부들은 도미니카 사회에서 매우 중요한 위치를 차지한다. 그들은 독특하고, 평등주의적이며, 주기적으로 열병을 치르면서 도미니카의 역사를 형성하여 왔다. 누구도 그들의 관심을 가볍게 여길 수는 없다.

"수많은 소규모 재배자들, 특히 나이 많은 재배자들은 농사일이 점점 너무 어려워지고 복잡해지기 때문에 바나나 농지를 포기하고 있어요." 우리가 가파른 경사 길에 지저분하게 널려 있던 버려진 바나나나무 더미를 지날 때 이르빈체 아우구스트Irvince Auguiste가 말했다. 지난 십 년간 이르빈체는 우리가 운전하여 지나간 카리브 영지의 선출된 대표("시장市長이라기보다는……"이라고, 그가 말했다.)였다. 1902년에 영국은 도미니카 섬의 동쪽 해안 약 천2백 헥타르의 땅을 얼마 남지 않은 카리브 인들의 후손에게 되돌려줬다. 오늘날 그들의 상속인 3천7백 명이 공동으로 이 토지를 소유하고 있는데, 약 2백여 명의 재배자들이 여전히 바나나를 생산하고 있다. 그들은 이곳이 특별한 장소임을 일깨워 주는 사람들이다.

"이곳 일은 예전에는 좀 더 단순했어요." 이르빈체가 계속해서 말했다. "예전에 사람들은 바나나를 키우면서 다른 일도 할 수 있었거든요. 하지만 지금은 공인된 재배자로 자신이 생산한 바나나에 대해 적절한 가격을 받고 싶다면 일지와 일람표를 기록하고 숫자들이 적힌 표를 덧붙이는 등의 일들을 정확히 해야 해요. 그래서 다른 일을 할 시간은 남지가 않게 되죠."

"그러면 허리케인이 망쳐 놓은 작물 수확을 간신히 망치기 전 수준으로 회복할 수 있게 돼요. 소규모 농부들은 미래에 대한 보장이 거의 없어요. 그들은 수확량이 얼마나 될지, 혹은 다음 허리케인이 언제 닥칠지, 심지어 수확물이 조금이나마 있을지조차도 확신할 수가 없어요. 이것은 정규 임금을 받는 것과 다르죠. 그리고 작물을 수확하기 전에 먼저 투자를 해야 하기 때문에 쉽게 빚을 지게 되죠. 때때로 그들은 바나나 농사를 포기하기도 하지만 결국 생계를 이어 갈 수 있는 다른 방법이 없다는 것을 깨닫게 되면 다시 바나나로 돌아가곤 해요. 제 아버지는 바나나를 재배했고, 내가 소년이었을 때는 바나나를 머리에이었죠. 나는 직접 바나나를 재배하지는 않아요. 그러나 아주 최근에는 다른 생각들을 하게 되네요……."

크고 붉은 낡은 트럭이 유U 자형으로 커브를 돌면서 우리를 향해 질주해 왔다. 이르빈체는 핸들 위로 거의 보이지도 않는 운전사에게 신호를 보냈다. 운전사는 끽 소리를 내며 차를 세우고 창문을 열었다. 그녀는 약간 숨을 몰아쉬고 있었다. 그들은 수다를 떨었다.

"발레네 프레드릭Balene Fredrick이에요." 이르빈체는 그녀가 떠나자 말했다. "그냥 소프트볼 크리켓 게임에서 잠깐 쉬고 애들을 살피러 가는 거예요. 그녀는 최고의 바나나 재배자 중 한 명이에요. 돌아가서 그녀와 이야기해 봅시다." 우리는 그녀와 이야기하기 위해 출발했다.

더 많은 것은 더 적은 것을 의미한다

발레네와 그녀의 세 아이는 길가에 있는 양철 헛간에서 우리를 기다리고 있었다. 소규모 농부 누구나 그녀와 같은 바나나 포장용 창고를 갖고 있었다. 방금 잘라 온 잘생긴 바나나 다발들이 크기별로 등급이 매겨져 '지스트Geest'라는 상표를 달고 층층 선반들에 놓여 있었다. 한쪽에는 반쯤 포장된 지스트 상자가 있었다. 벤치 앞에는 세척 용액이 들어 있는 커다란 플라스틱 그릇이 있었다. 여기서도 화학약품들이 사용되기는 하지만, 과테말라에서보다는 훨씬 적은 양을 쓴다. 선반 뒤에는 색깔로 표시되는 생산

주기가 어떻게 이어져야 하는지를 보여 주는 복잡한 알림표들이 핀으로 박혀 있었다. 그녀가 바나나를 다루는 것을 보면 얼마나 잘 보살피는지 알 수 있다.

나는 그녀에게 바나나로 매주마다 얼마나 버는지 물어 보았다. "아이들을 돌보기에 딱 충분한 정도에요." 그녀가 말했다. "애들 옷과 음식, 그리고 학교 다니는 데 필요한 만큼이오. 그런 것들이 돈이 많이 들거든요. 어떤 때는, 바나나 재배를 하고 싶지 않아요. 이것은 휴식이 없는 일이에요. 그리고 항상 알맞은 때에 모든 일을 해야 하죠. 일은 점점 힘들어져 가고, 우리는 점점 적은 돈을 벌어요."

도미니카 섬은 내가 지금까지 가 본 곳 중 가장 아름다운 곳 중 하나다. 그러나 많은 관광객을 유치하지는 않는다. 그 이유로 두 가지를 꼽을 수 있다. 커다란 비행기가 이착륙할 공항이 없고, 따라서 골프장이나 카지노 혹은 리조트 호텔도 없다. 하얀 모래로 덮인 해변과 푸른 개펄들은 많지 않으며, 있다 해도 서로 멀리 떨어져 있다. 이들이 실시하는 관광 유치의 실험적인 단계는 도미니카의 '대자연의 섬 The Nature Island' 이라는 이미지에 맞는 에코투어리즘 eco-tourism, 즉 생태 관광이었다. '운동과 친숙하지 않은 에코투어리즘 관광객'을 위한 '열대 산림 케이블 노선'이 건설되고 있었다.

국제공항을 위한 확실한 계획도 있었다. 이 계획은 집과, 학교, 얼마 안 되는 상대적으로 평평한 땅들과 생산적인 농업용 토지를 파괴할 것이다. 또한 이 계획은 도미니카 사람들을 깊은 빚의 수

령과 이런 종류의 프로젝트를 둘러싼 부정 이득의 수렁에 빠트릴 것이다. 사람들은 땅을 호텔과 골프장을 위해 팔고, 고용인의 제복으로 옷을 갈아입고 노예와 같은 하인이 되도록 훈련받게 되는 것을 차치하고라도, 대규모 관광산업이 대부분의 도미니카 사람들에게 어떤 혜택을 줄 것인가 혹은 그들의 성향에 맞을 것인가에 대한 고민은 찾아보기 힘들었다.

이에 반해 가능성 있는 한 가지 대안은 유기농으로 재배되어 공정하게 거래되는 바나나라고, 그레고리 쉴링포드가 말했다. 약 6천 헥타르의 바나나 농지를 최소 5년간 쉬게 하고(그렇게 함으로써 화학 성분을 없앤다.) 생산자들이 자기 농지를 소유하게 되면, 유기농으로 재배한 공정 무역 바나나의 잠재적 가능성이 열리는 것이다. 그러나 지금까지 아무도 여기에 뛰어들지 않았다. 아마도 자신의 과거 역사에서 벗어나야 할 이 범상치 않은 장소를 위한 또 다른 미래가 있을 것이다.

내가 떠난 얼마 뒤 마침내 일이 진척되어 윈드워드 제도는 공정하게 무역되는 유기농 바나나 수출을 시작할 수 있게 되었다. 이러한 바나나의 필요성은 세계 바나나 가격이 폭락하면서 점차 절실해졌다. 그리고 이러한 움직임은 절박한 바나나 생산자들 사이에서 공정 무역에 대한 관심을 한꺼번에 증가시킨 동시에 선진국 소비자들에게 가는 공정 무역 바나나의 가격을 상대적으로 훨씬 높게 만들었다. 바나나 공정 무역은 혹독한 다음 단계의 관문을 눈앞에 두고 있었다.

도미니카공화국

과테말라와 비교했을 때 도미니카에서 비로소 완벽한 바나나에 좀 더 가까이 접근할 수 있었지만, 나는 아직도 완벽한 바나나를 찾지는 못했으며, 그런 것이 과연 실제로 존재하는지도 여전히 알 수 없었다. 나는 마지막 여행지인 도미니카공화국으로 별 기대 없이 출발했다. 도미니카공화국은 과테말라보다는 좀 더 풍요롭고, 도미니카보다는 훨씬 덜 풍족한 나라다. 과테말라와 마찬가지로 이 나라도 미 해군의 침략 등 미국의 간섭에 시달리는 나라다. 서쪽으로 세계에서 가장 가난한 나라 중 하나인 아이티와 접해 있는 도미니카공화국은 도미니카가 이제야 활성화시키고자 안간힘 쓰는 대규모 관광산업화의 중심에 이미 들어가 있다. 그래서 나는 아이티와 접한 국경에 가까운 아수아(Azua, 수도인 산토 도밍고Santo Domingo 주변의 화려한 관광과는 거리가 먼)로 여행을 가면서 내 질문은 아마도 부질없는 것이라고 느꼈다.

그렇게 나는 기이한 이야기 속으로 빠져들어 갔다. 이 이야기는 1992년의 작은 환경 재해에서 시작했다. 아이티와 분쟁에 싸인 국경 건너 서쪽으로 뻗어 있는 산에는 극심한 빈곤 속에 살아가는 250가구가 있었다. 그들은 숯을 만들어 팔기 위해 그들이 사는 산림을 불태웠다.

"우리는 정말로 그런 짓을 하려던 것이 아니었어요." 정년퇴직 초기 나이로 보이는 통찰력 있고 조리 있는 안헬 구스또디오Angel Custodio가 말했다. "산림은 살아 있는 것이고, 우리는 그것을 죽이고 있었죠. 우리는 그것이 오래 갈 수 없다는 것을 알고 있었어요. 우리의 환경은 살아 있고 우리는 환경을 보호하고 싶어요. 그러나 우리는 생계를 이어 갈 다른 어떤 선택의 길도 없었어요. 그래서 우리는 정부에게 도움을 요청했죠."

그들은 운이 좋았다. 정부는 안헬의 가족과 이웃을 위해 공공시설, 포장된 도로, 의료 기관, 학교, 교회와 평균 이상의 깨끗한 집들을 갖춘 마을 하나를 아수아의 작은 도시 외곽의 해안가 평지에 건설해 주었다. 정부는 휴경하는 경작지도 마련해 주었다. 그 땅은 비옥하고 한 가구당 최소 2헥타르 정도의 구획을 가질 수 있는 크기였는데, 생계를 위해서는 충분한 크기였다. 과거의 화전민들은 이제 옥수수, 유카 등의 기본 식량과 약간의 바나나를 키우게 되었다. 그들은 화학약품을 사용하지 않았는데, 그것은 단순히 돈이 없었기 때문이었다.

핑까 6 사람들에게 다음의 두 가지 뜻밖의 행운이 없었다면 그

■ 깊이 읽기

도미니카공화국은 1822년 아이티에 의해 점령당한 뒤 1844년에 독립했다. 1990년대 이후 아이티의 극심한 기근과 도미니카공화국의 상대적인 경제 호조 때문에 아이티 불법 이민자들이 대거 도미니카공화국으로 유입되고 있어 치안 문제가 국경 지역의 갈등을 고조시키고 있다. 옮긴이

▶출처—외교통상부

들은 아마도 아직까지 예전 상황에서 벗어나지 못하고 있었을 것이다. 첫 번째 행운은 행운과 불행이 혼합된 축복이라고 해야 할 것이다. 나는 그렇게 더운 곳에 가 본 적이 없었다. 에어컨이 켜진 트럭 안에서조차도 온도는 섭씨 40도를 거뜬히 넘었다. 그러나 그 더위는 상대적으로 건조했다. 이것은 번식을 위해 적당량의 습도를 필요로 하는 병균들에게는 나쁜 소식이다. 이와 대조하여 바나나무 밑으로 흐르는 높은 지하수면과 훌륭한 관개시설은 바나나에게 아주 좋은 조건인 것이다.

그들에게 주어진 두 번째 행운은 도미니카공화국 북쪽의 몬테크리스티Monte Cristi와 마오Mao라는 마을 주변에 두 개의 네덜란드 기관들이 바나나 생산에 더 공정한 방법을 개발하도록 돕고 있었다는 점이다. 커피 산업계의 공정 무역 개척자들인 솔리다리다드Solidaridad와 막스 하벌라르는 악명 높은 요지부동의 땅에서 일련의 진척을 이루고 있었다.

사비드의 도미니카 구출 작전

젊은 네덜란드 여성 제타 반 덴 베르그Jetta van den Berg도 마찬가지였다. 1994년에 그녀는 '사비드(Savid, 모음이 생략된 salud(건강)과 vida(생명) 두 단어)'라는 이름의 마케팅 회사를 아수아에 설립했다. 비록 사비드는 비전통적 상품인 유기농 바나나를 거래하는 까다로운 사업을 택했지만, 결국 이 사업을 성공으로 이끌었다. 이 회사는 도미니카공화국을 전 세계 유기농 바나나의 80퍼센트를 생산하는, 세계에서 가장 큰 유기농 바나나 생산국으로 만들었다. 1998년에 겨우 2만7천 톤만을 생산했는데, 끊임없는 수요 확장으로 유기농 바나나 세계시장이 해마다 성장해 평균 30퍼센트 정도로 빠르게 확대되었다.

따라서 사비드는 더 많은 생산자들을 찾아나서야 했고 핑까 6에 접근했다. "유기농 바나나 시장은 우리가 취급하던 다른 농산물보다 전망이 더 좋아 보였어요." 안헬이 말했다. "그래서 우리는 사비드를 위해 우리 상품을 개발하기 시작했어요. 이제는 유기농 생산이 재래 방식보다 좋다고 백 퍼센트 생각하죠. 확언하건대, 우리는 단지 우리 자신만의 삶과 건강만을 생각하는 것이 아니고 소비자들의 삶과 건강도 함께 생각하고 있습니다. 그리고 우리나라의 개발뿐 아니라 다른 나라 사람들의 삶에도 관심을 가지게 되었어요."

신선한 접근

1998년 9월, 허리케인 조지가 도미니카공화국 전체를 휩쓸고 핑까 6을 포함한 대부분의 바나나 수확을 망쳐 놓으면서 혹독한 시련이 찾아왔다. 하지만 거대한 세 기업이 과테말라의 미치를 착취 기회로 이용한 것과는 대조적으로 사비드는 재배자들에게 융자를 계속해 주며 복구를 도와주었다. 이제 그들은 예전의 생산량을 회복했을 뿐 아니라 한때 흔들리긴 했지만 아직도 건재한 자신감을 되찾은 상태였다.

뽀르피리오 아코스따 길Porfirio Acosta Gil의 핸드폰은 언제나 바쁘게 전화벨을 울려 댔다. "도대체 요구 사항이 끊이질 않아요!" 그는 한숨을 쉬며 말했다. "이 망할 핸드폰을 끄든지 해야겠어요." 그는 사비드의 생산 매니저이자 농학자 팀의 책임자이며, 내가 보기에 모두에게 존경받는 인물이었다.

이 주변은 어떤 종류의 화학약품도 사용하지 않고 재배되는 바나나나무로 가득했다. 뽀르피리오는 내게 그것이 사실임을 재차 확인시켜 주었다. 이곳은 독일 기관인 비시에스(BCS)에 의해 유기농 인증을 받고 있었는데 이를 통과하기 위해서는 아주 엄격한 검사를 받아야만 했다.

별달리 특별한 일은 아니라고 그는 설명했다. 조건을 만족시키기 위한 가장 중요한 작업은 나무를 세심히 관리하는 것인데, 죽은 잎을 제거하고, 토양을 청결하게 유지하며, 적기에 바나나 다발에서 꽃을 제거하고 여기에 성장을 촉진하고 새들과 주변 잎들에서 피해를 막기 위해, 재활용이 가능하고 화학약품이 들어 있지 않은 비닐봉지로 덮어 주는 일 등이 필요한 것이다.

다른 곳에서와 마찬가지로 '종자從者' 시스템이 여기서도 이용된다. 바나나나무에서 떨어져 나온 어린 가지들은 그 순서대로 '어머니', '딸', '손녀'로 이름 붙여지고 다른 가지들은 모두 제거된다. 이곳이 워낙 건조하므로 '어머니' 가지의 아래쪽 줄기는 다음 가지들에게 수분을 넘겨줄 수 있도록 남겨 둔다. 그리고 우물에서 펌프질해 올린 지하수를 위한 관개수로 시스템이 있다. 시트러스(citrus, 감귤류 열매의 총칭. 옮긴이) 오일을 살포함으로써 대부분의 바나나 관련 질병을 예방한다. 유기농 비료는 대부분 코스타리카에서 수입되지만, 여기서도 생산이 시작되고 있었다. 우리는 그 현장을 방문했는데, 엄청난 양의 동물 분뇨와 퇴비가 쌓여 있었다. 여기엔 수없이 많은 커다란 모기가 몰려들어 우리를 사정없이 물어뜯었다.

뽀르피리오는 자신의 재능을 아는 사람이었다. 그 정도 능력이라면 만약 일반 기업에서 일했을 경우 훨씬 많은 보수를 받을 수 있었을 것이라고 나는 짐작했다.

"하지만 말이죠, 비록 이 직업이 힘들기는 하지만 저는 큰 만족을 느끼고 있답니다." 그가 말했다. "그건 사실이에요. 이토록 스스로의 가난을 극복하려고 열심히 노력하는 사람들과 함께 그 무언가 바람직한 것을 만들어 나가는 과정은 정말 보람 있는 일이에요. 저는 현재 하는 일이 가장 만족스럽습니다."

부수적인 이익

초기에는 핑까 6의 개별 농부들은 무엇을 어떻게 해야 하는지 감을 잡지 못했다. 제타 반 덴 베르그와 사비드는 그들이 거래 결정을 내릴 것을 집요하게 요구했는데, 개별 농부들과 일일이 상대하여 거래하는 것은 선택 사항이 아니었기 때문이다. "우리는 조합을 설립하는 것을 생각했어요." 안헬이 말했다. "그러나 우리가 경험한 농촌 조합이 항상 긍정적이었던 것은 아니었어요. 예전에는 너무 속임수가 많았거든요. 그래서 우리는 협회를 설립하기로 결정했어요. 각자의 토지 '구획'을 소유하는 동시에 모두가 협회에 속하는 것이죠. 이 협회는 정기적으로 만나고, 사비드와 우리 모두에게 영향을 미칠 사안에 대해 협상할 임원들을 선출하게 되요. 만일 한 명의 소규모 토지 소유자가 바나나나무를 제대로 돌보지 않으면 우리들 모두의 나무에 질병이 퍼질 위험이 생기게 되거든요."

안헬은 이웃 재배자들이 핑까 6에 참여하기를 원했다는 사실에 만족하고 있었다. 안헬은 이것이야말로 진정한 성공의 척도라고 여겼다. 그가 줄 수 있었던 최고의 자문은 그들만의 협회를 형성하도록 하고, 핑까 6이 그들을 돕도록 하겠다는 것이었다. "우리는 특히 가난한 사람들이 한데 모여 단결하는 것을 원해요. 돈이 있다면, 뭐든 원하는 것을 구할 수 있어요. 그러나 우리들처럼 돈이 없으면 때때로 돈이 없이도 누군가에게 개별적이고 개인적인 관계에 기댄 서비스를 필요로 할 때가 있거든요. 우리는 단결함으로써 이런 것을 성취할 수 있어요."

1997년, 핑까 6은 막스 하벌라르에 의해 공정 무역 생산자로 인증되었다. 우리는 이곳 재배자들이 새로 건축한 식당, 꼬메도르(comedor, 만찬과 회의 장소)의 지붕 아래 앉아서 이야기했다. 이것은 공정 무역 가격에 붙는 프리미엄으로 얻은 성과 중 하나였다. 앞으로는 이보다 더욱 절실하게 필요한 창고와 같은 건물을 지을 계획을 하고 있었다.

결국 핑까 6은 굉장히 드문 사례를 세운 셈이다. 전적으로 유기농으로 재배되어 공정하게 무역되는 상품을 창조한 것이다. 나는 이러한 엄청난 성과가 단지 행운에 의해 가능했던 것이고, 이곳 말고 다른 곳에서는 실현되기 힘든 것이라는 생각이 들었다. 하지만 정부가 그 존재를 인정해야만 하게 되고, 이 협회를 대표하는 사람들을 지원하게 된 상황을 보고서도 이것이 단지 행운에 의한 것이라고 생각할 수 있을까? 말도 안 되는 현실과 맞닥뜨려 전통적 관행에 도전하고 무언가 더 나은 것을 찾는 것이 그저 우연의 일치인 것일까? 이 모든 것들이 가능하도록 한 기술이나 문제 해결 능력, 그리고 그들의 헌신이 과연 단순히 우연하게 생겨난 것이었는가? 당연히 아니라고 나는 생각한다.

공정하게 거래되는 유기농 상품

공정 무역은 유기농 상품이 아닌 경우라도 적용될 수 있다. 유기농 상품 또한 공정 무역이 이루어지지 않은 곳에서 생산될 수 있다. 그리고 이 둘을 따로 적용시키자면 현재 바나나 산업에서 공정 무역과 유기농 상품이 차지하는 것보다 훨씬 더 큰 규모를 가지게 될 수도 있다. 하지만 유기농 상품이 소비자들의 편협한 자기 이해를 벗어나게 하고, 공정 무역이 진정으로 환경을 고려하게 되었을 때만이, 이 둘이 진정으로 연결되었다고 할 수 있을 것이다. 이 둘은 서로를 보완하는 관계에 있는 것이다

하지만 핑까 6이 무엇에 맞서야 하고, 또 앞으로 얼마나 더 먼 길을 가야만 하는지를 알게 되면서 나는 그들에 대한 의구심을 완전히 떨칠 수 없었다. 일단 핑까 6 회원들은 자신들의 농장을

완전히 바나나 생산만을 위한 것으로 바꾸면서 그들의 생계를 단일 수출 농산물에 의존하게 되었다. 비록 허리케인과는 상당히 떨어져 있는 곳이긴 했지만 그들이 직면한 위험은 상당히 심각한 것이었다. 유기농 방법만으로는 블랙 사라토가Black Saratoga나 곰팡이와 같이 강력하고 치명적인 질병에 제대로 대처할 수 없다. 그리고 유기농 바나나 시장도 다른 시장과 마찬가지로 불안정하다는 것도 분명한 일이었다. 마지막으로 사비드는 제타 반 덴 베르그라는 단 한 명의 주주만을 가지고 있다는 사실이다. 모든 것은 결국 그녀 한 사람의 손에 달린 것으로 보였다.(230쪽, '공정 무역과 유기농 바나나' 참고)

연대의 결성

나는 뽀르피리오와 함께 협회의 현 대표인 에리베르또 꾸스또디오Heriberto Custodio의 농장을 걸었다. 나의 의심은 점차 사라져 갔다. 뽀르피리오가 나에게 말한 것처럼, 다른 소규모 토지 소유자들이 에리베르또를 도와주기 위해 도착했다. 그들은 날이 넓은 칼을 갖고 여유 있게 일했다. 그들은 필요 없는 나무순을 잘라 내고, 관개수로를 청소하며 시든 잎을 쳐내고, 일하면서 잡담과 농담을 주고받았다. 혹독한 더위 속에서 하는 작업은 매우 힘든 것이었음에도, 농촌 노동자 같은 강제되고 기계적인 노동이 없었다. 뽀르피리오는 예리한 눈으로 종종 가지치기가 필요한 잎과 뽑아내야 할 꽃, 반점병의 첫 번째 징후를 지적하면서 주변을 둘러보았다. 그는 소규모 토지 소유자들을 달래고, 가르치고, 격려하였다.

"이 나무들은 엄청나게 생산적이에요." 그가 말했다. "이것들은 대규모 플랜테이션만큼이나 생산적이에요. 어쩌면 아마 그 이상일 거예요. 이것이 필요로 하는 모든 것은 약간의 지식, 관심 그리고 기술이죠. 물론 어마어마하게 고된 노동이 필요하긴 하지만 말이에요."

•반점병—식물의 잎에 담갈색 또는 갈색의 둥그스름한 반점이 생기는 병을 말한다. 경제적으로 큰 피해를 주지는 않지만 병원균이 식물의 잎을 침범했을 때 주로 반점이 생기므로, 눈여겨보아야 하는 징조다. 옮긴이

나는 그에게 소규모 토지 소유자 한 명이 얼마나 버는지 물어보았다.

"나는 잘 몰라요. 그리고 묻지도 않아요. 그렇지만 한 달에 약 천 달러에서 2천 달러 정도까지 벌 수 있다고 들었어요."

우리는 에리베르또의 집에 초대 받았다. 식당에는 신선한 야채, 쌀밥과 닭고기 요리가 준비되어 있었다. 에리베르또는 협회에 제안해야 하는 체불된 임금 문제에 대해 가볍게 불평하였다. 그것은 에리베르또가 해결해야 하는, 그리고 끊임없이 일어나는 중요한 분쟁이었다. 그러나 에리베르또의 입에서는 미소가 떠나질 않았다.

"내 생각에 과테말라의 바나나 농장 일꾼들은 바나나 재배를 떠난 평탄한 삶을 믿지 않을 것 같군요. 당신은 당신이 성취한 것에 대해 자부심을 가져야 해요." 내가 말했다.

"아, 그럼요, 우리는 자부심을 갖고 있죠." 에리베르또의 부인

NO-NONSENSE

자유로운 노동조합의 어둡고 냉혹한 역사

국제연합이 후원하는 평화 협정이 1997년 과테말라에서 이루어졌다. 이는 수만 명의 목숨을 앗아 가고 4만5천 명의 '실종'을 가져온 40년간의 집단 학살의 분쟁을 공식적으로 끝내는 것이었다. 사람들은 협정이 협의되었다는 것에 안도감을 표했다. 그러나 근본적인 갈등은 대부분 해결되지 않은 채 남아 있었는데, 과테말라 노동운동에 대한 잔혹한 탄압도 그중 하나였다.

과테말라 노동자 노동조합UNSITRAGUA은 과테말라시티에 그 기반을 두고 있으며, 수출 가공 공장에서 농촌 지역 노동자들과 바나나 플랜테이션에 걸친 광범위한 고용인까지, 약 74개의 활발한 회원 노조를 대표한다. 자유로운 노조를 보장하는 협정에도 이들은 여전히 반¼ 지하조직으로 활동해야만 하고 블랙리스트에 올라 체포와 암살 위협에 시달려야 했다.

"우리는 어둡고 암담한 역사를 갖고 있습니다." 과테말라 노동자 노동조합의 훌리오 코흐Julio Coj가 말했다. "우리가 느끼고 고통 받고 있는 것에 대해 말할 수가 없었죠. 입에 담는 순간 암살되고 말았으니까요. 그러나 우리의 얼굴과 이름을 계속 숨긴다면, 정부와 산업 분야가 여전히 유지하려고 하는 잘못에 면죄부를 주는 것이라는 생각이 들었습니다."

그렇게 많은 것들이 변한 것은 아니라고 그는 말했다. "우리는 서류상으로는 평화로운 상태지만, 현실적으로 우리가 정말로 필요로 하는 노조의 권리와 단체교섭에 대해 전면적으로 인정을 받는 진실한 평화는 없어요. 정부는 산업계와 노조의 이해를 조절하는 적절한 역할을 하지 않고 있어요. 산업계의 사고방식뿐 아니라 특히 법원의 획기적인 태도 변화가 필요합니다. 그들은 국제노동기구의 협정에 상응하여 우리가 노동법에서 얻는 것과 같은 최소한의 보호를 지원해 주어야만 합니다. 그러나 그들은 대규모 기업의 품 안에 머무르고 있죠."

"노동자들에게 중요한 것은 정부가 모든 다국적기업이 법을 존중하도록 만들어 주는 것입니다. 하지만 세계화가 다국적기업에게 그들이 원하는 것을, 그들이 원하는 곳에서 어떠한 장애도 없이 얻을 수 있도록 해 주고 있기 때문에 갈수록 점점 더 어려워지고 있어요. 이러한 과정이 라틴아메리카에서 더 많은 빈곤을 창출하고 있다는 사실은 정말 큰 비극입니다."

이 끼어들었다. "우리가 산 위에서 어떻게 살았는지, 우리가 처음 여기 도착했을 때 이곳이 어땠는지를 봤어야 해요. 지금 우리는 긍지를 갖고 살 수 있어요. 여기에 우리 아이들의 미래가 있죠."

그리고 나서 그녀는 바나나를 가져왔다.

"바나나를 드세요?" 내가 물었다.

"물론이죠!" 에리베르또가 말했다. "바나나는 몸에 좋은 거예요. 매우 영양가가 많죠. 맛도 좋고요. 만일 우리가 먹지 않는다면 이상한 것 아닙니까?"

"과연 이상하겠군요." 나는 수긍했다.

나는 껍질을 벗기고, 접시에 바나나를 놓았다. 그리고 얇게 잘라서, 포크로 찍어 입안에 넣었다.

"어때요?" 에리베르또의 부인이 물었다.

"맛있어요!" 내가 말했다.

"유기농으로 길러 공정하게 무역되는 바나나예요." 뽀르피리오가 말했다.

"완벽해요." 내가 말했다. "정말 완벽해요."

5 청바지, 브랜드의 폭력

급진적인 접근

청바지

패션 상징의 현 위치

면에 관한 진실

중국의 리바이스

삼 청바지

누가 청바지 값을 지불하는가?

FAIR TRADE

공정한 경로를 통해 생산되고 유통되는 청바지는 현실적으로 가능한가?
공정 무역을 위해 소비자는 자기가 가진 소비자 권력을 어떻게 써야 할 것인가?

NO-NONSENSE
05

청바지, 브랜드의 폭력

자동차와 컴퓨터까지도 공정하게 거래될 수 있다면 과연 지상낙원이 실현될 수 있는 것일까? 공정 무역의 원칙들이 얼마나 더 폭넓게 적용될 수 있을 것인지를 생각해 보기 위해 잠시 주제를 바꿔 보자.

공정 무역은 커피, 코코아, 바나나와 같이 선진국에서 재배할 수 없는 열대 상품들의 생산자를 위해서라면 어떻게든 적용될 수 있다. 문제는 이것만으로는 불공정 무역을 멈출 수 없다는 점이다. 국제무역의 훨씬 커다란 부분은, 적어도 금전적 가치라는 측면에서 보자면, 일차 상품보다는 제조된 상품에서, 즉 원자재 상품이 가공을 거쳐 최종적으로 만들어지는 제품에서 더 많이 일어난다. 컴퓨터, 자동차, 의류 분야에서 공정 무역은 어떻게 이루어지는가?

세계의 제조업 노동력의 다수는 현재 선진국보다는 개발도상국에 존재한다. 교통수단과 의사소통 수단의 발달은 제조 상품들이 세계 어느 곳에서나 생산될 수 있도록 하였다. 개발도상국의 '비교 우위'는 값싼 노동력에 있으므로, 얼핏 보기에는 노동 집약적인 활동을 개발도상국에 맡기는 것이 타당한 것처럼 보인다. 수출 관련 공장들이 번창하게 되었고, 이것은 세계화의 대표적인 한 양상이 되었다. 예를 들어, 이제 자동차는 대부분 한 나라 안에서만 만들어지지 않는다. 평균적인 승용차에 필요한 수천 개의 부품들은 문자 그대로 수십 개의 다른 나라들에서 온다. 정통 경제학은 이러한 방식으로 자유무역이 그 날개를 펴면서 풍요가 전 세계로 빠르게 퍼지고 있다고 주장한다.

 짐작하겠지만 이러한 해석에는 결정적 오류가 있다. 첫 번째로 자유무역은 실제로 존재하지 않는다는 사실이다. 선진국에서 '가치가 부가된' 활동들과 직접 경쟁할 수 있는 개발도상국 수입품에 대해서는 엄청난 관세가 물려진다. 예를 들어 가나와 같은 나라들에서 유럽연합에 수입되는 가공 초콜릿에는 코코아 원두보다 훨씬 높은 34퍼센트의 관세가 징수된다. 비슷한 관세와 쿼터 제도가 세계무역기구의 새로운 규칙들에서 살아남은 다자간 섬유협정(Multifiber Arrangement, MFA) 아래의 개발도상국에서 생산되는 직물에도 적용된다. 다자간 섬유협정은 특히 중요한데, 이는 노동 집약적으로 생산되는 직물은 전통적으로 산업적 번영을 향한 '첫 단추'이기 때문이다. 이러한 중요성은 최근 들어 홍콩과 다른 동남아시아의 '수출 중심' 경제에 있어 더욱 부각된다.

 '원조 아닌 교류' 주창자▪들은 개발도상국들이 원조로 얻는 것보다 선진국에서 부과되는 관세로 인해 훨씬 더 많은 것을 잃는다고 지적한다. 말 그대로라면 진정한 자유무역은 개발도상국에게 혜택을 줄 수 있을 것이다. 하지만 이러한 주장을 반박하기 어려운 이유는, 관세는 알려진 대로 선진국에서의 일자리를 유지시키기 위해 부과된 것이고 결과적으로 임금 하락을 불러올 것이라는 것을 두려워하는 노동조합들에 의해 종종 옹호된다는 점이다. 중국과 같이 값싼 노동력을 가진 나라들로 공장이 '재배치'되는 것에 대한 단순한 위협은 선진국에서 임금 수준을 끌어내릴 수 있는 실질적인 압력으로 작용한다. 그리고 이것이 바로 선진국 노동자들의 위상이 정체되거나 점점 추락하게 되고, 또한 빈부 격차가 더욱 커지게 되는 한 가지 이유다.

급진적인 접근

선진국에서 개발도상국으로 '달아나는' 일자리를 유지하기 위해 관세를 물리는 것이 유일한 실질 대안처럼 보일 수도 있지만,

■ 깊이 읽기

'원조 아닌 교류' 주창자

'원조 아닌 교류trade not aid' 주창자들은 지금까지 이루어진 각종 원조들은 매우 비효율적으로 이용되어 왔으며, 제3세계의 경제 발전을 위해서는 원조가 아닌 무역 등의 국제 교류를 활성화시켜야 한다고 주장한다. 이들은 시장을 왜곡시키는 각국 간 관세 장벽과 농업 보조금 등 기존의 국내 경제 보호를 위한 각종 장치를 철폐하고 자유무역을 통해 경제 발전을 도모하고 빈곤을 퇴치해야 한다고 제시한다. 옮긴이

 NO-NONSENSE

승용차

덴마크에서 대량 생산되어 팔리는 전형적인 소형 승용차는 수십 개 나라에서 만들어지게 된다. 부품 생산 관련 국가들은 다음과 같다.

- 벨기에―튜브, 좌석 깔개, 브레이크, 라디오.
- 캐나다―유리, 라디오.
- 네덜란드―타이어, 페인트, 최종 조립.
- 스웨덴―호스용 클램프, 실린더, 볼트.
- 스위스―차체 하부 코팅, 속도계.
- 미국―밸브, 수압 태핏.
- 멕시코―바퀴 너트, 램프, 운전대.
- 남아프리카―클러치 케이스, 서스펜션 브러시suspension brushes.
- 모리셔스―윈드실드 와셔 펌프windscreen washer pump.
- 인도―카뷰레터, 서스펜션 브러시, 스티어링 샤프트와 조인트.
- 이탈리아―실린더 헤드, 서리 제거 장치 그릴.
- 오스트리아―라디에이터, 히터 호스.
- 덴마크―팬벨트.
- 노르웨이―배기 플랜지.
- 프랑스―발전기, 마스터 실린더, 클러치 릴리스 베어링.
- 인도네시아―좌석 솔기 박음질, 호스 클램프hose clamps, 스위치, 틈 마개.
- 일본―시동 모터, 교류발전기, 롤러 베어링roller bearings, 윈드실드 와셔 펌프.
- 스페인―에어 필터, 거울.
- 브라질―오일펌프, 배전기, 바디 패널.
- 영국―로커 암, 클러치, 배전기, 플라이휠 링 기어flywheel ring gear, 히터, 연료 탱크, 운전대.
- 독일―잠금장치, 피스톤, 프론트 디스크front disc, 실린더 헤드 개스킷cylinder head gasket, 배터리.

장기적으로 보면 노동조건에 대한 더 급진적인 접근이 요구된다. 이것은 국제노동기구(International Labor Organization, ILO)처럼 전 세계 대다수 정부가 인정할 수 있는 기구를 국제 노동운동이 조직해 내어, 기본적인 노동 기준을 강제할 수 있는가의 여부에 달려 있다. 이러한 방식으로 노동운동은 공동 프로젝트를 갖게 된다. 그렇지 않고서는 국내 노동운동은 다른 나라 노동운동의 숨통을 조이는 결과를 가져올 것이다.

두 번째로, 다국적기업들은 '자국의' 지엽적 무역보다는 국제 무역에서 약 3분의 2 정도의 훨씬 더 큰 비율을 지배한다. 국제무역의 성장은 다국적기업의 권한을 끝없이 강화시켜 준다. 이러한 이유로 다국적기업은 결과가 어찌 되든 상관없이 국제무역을 확장시키는 것에 관심을 가지고 있는 것이다. 따라서 선진국에 사는 일반인들의 평균적인 아침 식사가 지역에서 생산된 것들을 동네 시장에서 구입하여 이루어지기보다는 약 8천 킬로미터를 여행한 재료들로 만들어진다는 것은, 다국적기업에게는 경축할 일인 것이다. 이 음식물이 기아에 허덕이는 나라에서 수출된 것이라 해도 큰 상관은 없다. 그런 말도 안 되는 사실이 이들에게는 이치에 맞는 것처럼 보이는 것이다.

이에 실질적인 대안의 세부 사항까지 관심을 지니고 있는 것은 아직까지는 공정 무역가들뿐이다. 그리고 심지어 개발도상국의 일차 상품의 '틈새시장'에서도 다국적기업이 상당한 성과를 올릴 수 있었다는 사실은 공정 무역의 원칙이 더 일반적으로 적용될 수 있을 것인가 하는 의문을 불러일으키게 된다. 예를 들어 현재 선진국 소비자 사회의 아이콘들 중 하나인 청바지에 비슷한 질문을 던져 보도록 하자.

청바지

청바지에 대한 나의 애정은 내가 처음으로 가졌던 청바지를 입고 그대로 목욕을 했던 것에서 시작한다. 프리 슈링크 진(preshrunk, 생산과정에서 워싱을 거쳐 미리 어느 정도 수축 과정을 거친 제품. 옮긴이)이 나오기 이전의 '슈링크 투 핏(shrink to fit', 생산과정에서 어떠한 화학 처리 과정도 거치지 않은 제품으로 첫 세탁 후 약간의 수축이 일어나는 제품. 1873년 리바이스에서 특허를 냈다. 옮긴이)이라는 표시가 달린 청바지에는 꼭 해 줘야 하는 것으로 나는 생각했다. 지금 생각해 보면 상당히 괜찮은 광고 전략이었던 것 같다.

청바지에는 어떤 특별한 분위기가 있다. 일반 가게에서는 찾기 힘든 것으로, 청바지는 수선이나 수를 놓는 과정을 거쳐 '개인화personalized' 되었다. 누구나 청바지 위에 수를 놓거나, 놓여 있는 수를 제거할 수 있다. 청바지는 홀쭉한 모양부터 나팔바지 모양으로 퍼지게 개조하는 것이 가능하였다. 이것은 말 한 마디 없이 자기의 어떤 주장이나 개성을 표현할 수 있는 방식이었다. 청바지는 그것을 입은 사람을 눈에 띄게 하면서도, 이상하게 보이지 않을까 하는 두려움에 시달리지 않게 해 준다. 청바지를 입으면 무엇이든 원하는 모습이 될 수 있다. 남성적이나 여성적으로 보일 수도 있으며, 더 성숙한 분위기로, 또한 광적으로 보이게 하거나 시골 촌뜨기처럼 보일 수도 있으며, 세력가처럼 보이게 할 수 있다. 내가 누구이든 상관없이 내가 아닌 다른 누군가가 될 수 있다.

당연한 이야기지만 이런 연관 관계는 미국에서 시작되었는데, 젊고 개인주의적이며 미래 지향적인 미국 서부 개척 시대의 지역성과 할리우드식 환상의 세계를 섞어 놓은 것이었다. 그랬기 때문에 진저리나는 전쟁에 지친데다가, 겉으로만 그럴듯했으면서도 여전히 제국주의의 말로를 흘끔거리며 뒤돌아보던 시절의 영국에서 자라난 나와 같은 사람들은 도저히 청바지를 거부할 수 없었던 것이다.

패션 상징의 현 위치

청바지는 아메리칸 드림을 공유하는 사람들의 열망에 영합하면서 빠르게 전후 소비자 자본주의의 보편적 약속을 상징하게 되었다. 오늘날 청바지는 남아프리카의 금광에서 페루 안데스 산 위까지, 그리고 콩고의 산림에서 뉴욕과 파리의 패션 무대까지 어디에서나 발견할 수 있다. 파리 고급 의상실의 현란한 젊은 디자이너 존 갈리아노John Galliano가 모든 시대의 가장 중요한 단일 의상이 무엇이냐는 질문을 받았을 때, '청바지'라고 말할 것이라는 것은 누구나 알고 있었다.

이 모든 것이 언제부터 지지부진해지기 시작했는지는 잘 모르겠다. 이것은 아마도 뉴욕에서 '그런지 패션'이 1990년대 패션 무대에서 히트를 치고 '헤로인 쉬크' 열풍으로 이어지면서부터였던 것 같은데, 모두 청바지를 입고 등장한 스타일이었다. 혹은 젊은이들이 다른 누군가가 되기를 끊임없이 열망하면 결국에는 모두 단일한 유니폼을 입는 것으로 끝나게 된다는 사실을 깨달으면서일지도 모르겠다. 모든 청바지들은 기본적으로 똑같기 때문에, '디자이너' 상표가 붙은 신종 청바지라고 해서 두 배의 돈을 지불하는 것은 그다지 똑똑한 짓이라고 하기가 힘들다.

● **그런지 패션**―미국 시애틀을 중심으로 한 그런지 뮤직 grunge music에서 유래된 명칭이다. 1980년대 엘리트주의에 반발하여 더럽고 혐오스러운 지저분한 스타일이 유행했는데 히피 복장과 하류층의 남루한 복장 등에서 영향을 받았다. 옮긴이

● **헤로인 쉬크**―1990년대 중반의 패션 트렌드로, 창백한 피부, 눈 밑의 다크 서클 등 영양실조에 걸린 마약 중독자와 같은 모습을 특징으로 한다. 옮긴이

어쨌든, 국제적 판촉 축제였던 로스앤젤레스 올림픽에 의해 자극되어 1980년대에 전성기를 구가하던 청바지와 브랜드 신발의 판매는 그 속도가 늦춰지다가 결국은 격감하게 되었다.

어느 날 과테말라에서 한 젊은 여성이 나를 만나러 왔다. 그녀는 미국 시장을 겨냥한 재킷을 바느질하는 한국인 소유의 수출 공장에서 보내는 자신의 일상을 설명했다. 그녀는 소리를 질러대는 감독관의 지시 아래서, 믿을 수 없을 정도의 푼돈을 위해 하루에도 엄청난 재킷을 만들어야 했다. 그나마 일자리가 전혀 없는 것보다는 낫다고 그녀는 확신하였지만, 나는 그보다 더 나쁜 상황을 상상하기 힘들었다. 그녀는 아주 조용하게 이야기하고 있었지만 아주 희미하게나마 떨고 있음을 나는 볼 수 있었다. 이미 그

녀가 그러한 상황을 폭로하고 있다는 사실이 고향에 전해졌으며 그녀의 아이들이 협박을 받기 시작한 상황이었다. 나는 그녀의 이름을 적거나 그녀의 사진을 찍어서도 안 됐다. 나에게 남겨진 것이라고는 그녀가 한 말들뿐이었다.

그 과정에서 나는 절대 잊지 못할 어떤 것을 깨닫게 되었다. 어떤 사물의 진정한 본질은 그것의 '이미지'에서 찾아지지 않는다는 것, 본질은 그것을 이루고 있는 재료와 그것을 만든 사람들에게 있다는 것, 소비자 자본주의의 상징은 비밀리에 만들어진다는 사실이었다. 그 원료는 사유지라는 울타리 안에서 약탈되어 마련된다. 그리고 상품들은 비참하기 짝이 없는 헛간 같은 탈현대적 공장에서 만들어진다. 이 모든 것은 결국 소비자와 생산자, 이윤과 손실을 둘러싸고 일어나는 일인 것이다. 소비자 자본주의의 '이미지'는 거짓으로 가득 차 있다.

면에 관한 진실

청바지는 면으로 만든다. 면은 세계의 경작 가능한 토지 약 5퍼센트에서 생산되는데, 이 과정은 가난한 나라의 비옥한 토지를 좀먹고, 관개를 통해 모든 물을 빨아먹으며, 독으로 모두를 뒤덮으며 마치 벨라도나(Belladonna, 가짓과의 유독 식물. 옮긴이) 잎사귀처럼 퍼져 갔다. 면 생산에는 다른 어떤 작물보다 훨씬 독한 살충제를 많이 사용한다. 전 세계 살충제의 4분의 1이 면 농장에 뿌려지고, 해마다 수백만 명에게 중독 피해를 일으킨다. 그리고 미국에서 재배되는 면의 반 이상은 유전자가 조작된 것들이다. 옷감으로 만들기 위해서 면은 또 다른 화학 처리 과정에 들어가게 된다. 염색에는 독성이 강한 인공 물질이 사용된다. 섬유 산업에서 공기, 토양, 수질 오염을 유발하는 엄청난 양의 독성 성분 대부분은 염색 과정에서 나온다. 뉴멕시코에 있는 여러 곳의 민감한 생태계는 '스톤 워싱'을 위한 경석輕石의 채취로 파괴되었다.

• 스톤 워싱 청바지—돌을 이용한 청바지 가공 방법을 일컫는다. 이렇게 만들어진 청바지는 대표적인 빈티지룩을 표현한다. 옮긴이

이에 더해 옷을 만드는 과정에도 문제점이 많다. 일단 옷감이 너무 펄럭이는데다가 들쭉날쭉한 인간의 몸과 정교한 바느질의 필요성은 재봉틀과 그것을 작동하는 사람 이상의 자동화를 불가능하게 한다. 그리고 대부분의 경우 재봉틀을 돌리는 사람은 젊은 여성 노동자다. 청바지 생산은 매우 노동집약적인 산업이다. 따라서 청바지는 과테말라, 방글라데시, 필리핀 같은 지역이나 심지어 로스앤젤레스, 뉴욕, 토론토, 시드니, 런던과 같이 수많은 이민자들이 일하는 '여성복 산업' 지역의 세계 최저임금 수준을 자랑하는 '노동 착취 공장'에서 수백 개에서 수천 개가 바느질되어 만들어진다.

청바지는 재고 가능 품목으로 소매 부분에서 거대 자본의 집중적인 지배를 받게 되었다. 즉 우리가 입는 대부분의 옷은 점점 거대해지는 몇몇의 대형 '체인점'에서 판매된다는 것이다. 이 체인점들은 무엇을 만들 것인가를 결정하는 과정의 대가로 소매 옷 가격의 반을 가져간다. 아주 작은 디자인 변화만으로도 '패션'의

중대한 변화로 인식시키고, 이를 위해 또 하나의 청바지를 사게 만드는 것이 이들이 하는 일이다.

가장 기본적인 필수품의 하나를 공급하는 거대하고 실용적인 의류 산업은 지금과 같은 '포스트모던'의 시대에 들어서면서 19세기의 참혹했던 방적기 시절의 어두운 과거를 다시 재현하고 있는 것이다. 그리고 이것을 '발전'이라 부르고 있다.

이러한 상황의 모든 혜택은 소비자 자본주의가 우리에게 제공하는 무궁무진한 편리함과 선택의 다양함이라고 일컬어진다. 십 달러짜리 노동자용 청바지에서 백 달러 이상을 호가하는 고급 디자이너 '상표'가 달린 청바지까지, 모든 이들의 필요를 위한 청바지가 존재하게 된 것이다.

그러나 누군가 아주 기본적인 것, 화학약품이나 노동 착취에 절어 있지 않은 옷을 원한다고 가정해 보자. 커피처럼 그렇게 복잡한 과정을 거치지 않고 소비자에 이르는 상품의 경우에는 공정하게 거래되는 상표들을 비교적 쉽게 찾을 수 있다. 그러나 면 재배, 방적, 염색, 직물 짜기, 재단과 바느질 등의 복잡한 과정을 포함하는 의류 업계나 패션 산업 전반에 대해, 건강한 환경과 사회적 정의라는 원칙을 적용하는 것은 또 다른 문제다.

내가 이야기를 시작하려는 브랜드는 그 옛날 1960년대의 리바이스다. 세계 최대의 의류 회사인 리바이 스트라우스Levi Strauss&Co는 높은 명성을 갖고 있다. 이 회사는 미얀마와 중국과 맺은 생산 계약을 인권 침해 문제 때문에 철회한 적도 있다. 방글라데시의 한 하청 업체에서 미성년자 노동 행위를 발견했을 때는 이 어린이들을 거리로 내쫓기보다는 그들에게 교육의 기회를 제공하였다. 이 회사는 미국에서 공인된 직종 노조를 갖는 의류 공장이 존속하도록 하는 데 중요한 역할을 하였다. 이처럼 한때 가장 널리 받아들여졌던 기업 윤리의 모델을 고안하고 수행한 것은 바로 리바이스였다.

반노조적인 성향에다 선정적인 이미지로 점철된 게스Guess와 같은 상표(이것이 일반적인 청바지 산업의 모습을 더 잘 반영하긴 하지만)와 비교한다면, 확실히 리바이스는 잘난 척한다기보다는 정말로 숭고해 보인다. 하지만 리바이스가 이 같은 컬트적인 지위를 유지할 수 있는 이유도 사실은 그에 걸맞은 두둑한 프리미엄이 붙은 가격표를 붙이기 때문일 것이다.

중국의 리바이스

그렇다고는 하지만 리바이스도 완벽함과는 거리가 멀다. 일단 리바이스는 지금껏 유기농 면화와 대안 직물에 큰 관심을 보인 적이 없다. 그보다 더 큰 문제는 리바이스가 스스로 내세운 규약을 제대로 수행하는지를 독립적인 기관이 모니터하도록 허락하지 않는다는 사실이다. 게다가 마침내 이들은 미국에서 대량 해고를 실시하고 중국에 공장을 세우게 된다.

이에 대해 리바이스의 클래런스 그레비Clarence Grebey는 다음과 같이 설명했다. "이것은 이제 우리가 내세우는 엄격한 규약을 제대로 수행할 수 있는 제휴 업체를 중국에서 찾을 수 있게 되었

NO-NONSENSE

동남아시아의 수출 지향 산업

'작은 호랑이'라고도 불리는 동남아시아 신흥공업국들의 명성은 1950년대~1960년대에 걸쳐 세계시장에 직물과 의류를 수출하면서 시작되었다. 다자간 섬유협상에 의한 형사상 관세에도, 이 나라들은 영국과 같은 전통 중심지에서 생산되던 직물이 가지고 있던 위상을 약화시키는 데 성공했을 뿐 아니라 그들의 섬유산업이 어마어마한 실직과 함께 축소되는 결과를 가져왔다.

직물은 역사적으로 산업 발전 과정에서 핵심적인 역할을 수행해 왔다. 이것은 한편으로는 직물 짜기가 노동 집약적이고, 생필품인 의류에 대해 늘 충분한 지역 시장이 존재했기 때문이며, 또한 그다지 정교한 기술이 요구되는 산업이 아니었기 때문이다. 이미 19세기 초반에 인도는 여러 가지 측면에서 영국에 비해 훨씬 우수한 대규모 직물 산업을 진척시켰다는 것은 유명하다. 그러나 영국의 인도 통치는 이 산업을 종결시키고 영국에서의 수입으로 대체시켰다.

1960년대 중반부터 1990년대 중반까지 신흥공업국들의 수출 양상은 어떻게 그들이 산업을 옮겨 갔으며 다른 국가들이 그 위치를 이어 받았는지를 보여 준다. 홍콩, 한국, 타이완과 싱가포르 의류 산업의 초기 수출량이 각 나라의 총 무역에서 차지하는 비율은 급격히 올라갔다. 그 후 이들 국가들이 더 정밀한 산업, 특히 전자와 컴퓨터로 옮겨 가면서 섬유산업은 쇠퇴하기 시작하였다. 그 자리를 대신하여 타이와 인도네시아의 직물 수출이 크게 성장하였다. 그러나 1997년의 동남아시아의 경제 위기는 그들이 본래의 신흥공업국들이 가게 되는 '사다리로 오르는 다음 단계'를 따라 갈 수 있을지에 대해서 의문점을 남기게 되었다.

이것이 세계은행과 국제통화기금이 전 세계가 따라야 한다고 주장하는 '수출 지향 성장' 모델이다. 그러나 이 모델이 밝혀 주지 않는 사실은 세계의 절대 빈곤 국가들에서 나타나는 주요 일차 상품들에 의해 이끌어지는 수출 성장이다. 그렇지만 이러한 사실이 수출 지향 성장 모델의 활성화를 막지는 못했다.

▶출처 ─ Trade and Development Report, 1996, UNCTAD.

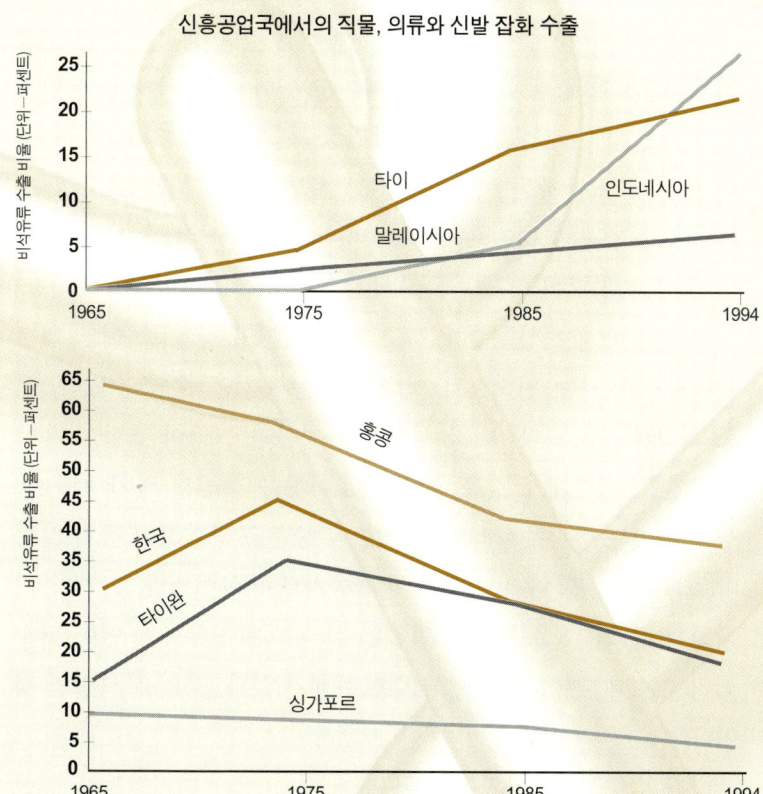

기 때문에 내릴 수 있었던 사업적 결정이다. 만약 이것이 가능하지 않았다면 우리는 결코 중국에서 기업 활동을 하지 않았을 것이다."

이에 대해 미국의 인권 운동가인 해리 우Harry Wu의 반응은 다음과 같았다. "중국에서 향상된 것은 기업 활동을 위한 환경일 뿐이다. 인권 침해 상황은 점점 나빠지고 있다. 여전히 의류 산업에 강제 노동이 존재하는 반면 독립 노조는 존재하지 않고, 만에 하나 누군가 노동자들을 조직하려고 하면 재교육 캠프로 보내진다." 모든 것을 고려해 보았을 때 나에게는 클래런스 그레비보다는 해리 우의 말이 더 그럴듯하게 들린다.

결국 청바지 시장을 지배하고 있는 대기업 상품 중 어느 것을 선택할 것인가는 전적으로 상대적인 문제가 될 수밖에 없다. 이 중 최악은 '게스'다. 미국 의류 노동자들과 그들의 조합인 유나이트(UNITE)는 게스 상품에 대한 보이콧을 추진해 왔기 때문에, 생각이 있는 사람들이라면 누구도 이 상품을 구입하려 하지 않는다. 그나마 가장 나은 기업은 현재까지도 리바이스다. 그러나 세계화된 '값싼' 노동력과 산업화된 면은 그들 모두에게 있어 필수적인 요소다. 기업의 운영 규약은 한계가 있다. 사업은 사업인 것이다.

따라서 나는 좀 상황이 나아 보이는, 그러나 대기업들에게 철저히 외면당하는 생태적 전방으로 고개를 돌렸다. 인터넷을 통해 몇몇 유기농 면 청바지 공급자들을 찾아냈으나, 이 청바지들은 모두 북미 지역에서만 판매되었다. 쥐리히의 세계야생생물기금

(World Wide Fund for Nature, WWF)의 카탈로그 판다Panda에는 젊은 여성들을 위한 생태 진이 소개되어 있었다.

또한 나는 원래 청바지는 로프와 부대 자루를 만드는 데 주로 이용되는 섬유인 삼으로 만든다는 소문을 들었다. 삼은 살충제가 필요 없으며 2만5천 가지의 다른 용도를 갖는다고 주장하는, 일군의 헌신적인 열성 소비자들이 있다. 마약과의 전쟁 때문에 마리화나의 재료가 되는 삼을 공격하는 것은 기득권을 가진 면 이해관계자들이 위험한 경쟁자를 짓누르기 위해 벌이는 움직임일지도 모른다.

그 후 바디샵이 더 안전한 제품으로 생각되는 새로운 삼 화장품 라인을 선보였다. 이것은 곧바로 마약 전쟁 옹호자들에 의해 지원된 비난을 받았다.

삼 청바지

나는 다시 인터넷으로 가서 로마니아Romania라는 상표의 60달러짜리 삼 청바지를 찾았다. 그러나 이 역시 미국 내에서만 구입이 가능했다. 카탈로그에는 150달러가 붙은 청바지도 있었는데, 나에게는 너무 사치스러운 것이었다. 나는 100달러를 최대치로 정하였는데, 그것조차 나에게는 터무니없는 금액이었으나 적어도 '디자이너' 상표들과 비슷한 수준의 것을 살 수 있는 돈이었다. 그 후에 『에티컬 컨슈머Ethical Consumer』 잡지를 통해서 영국 헐Hull의 헴프 유니온Hemp Union을 찾아내어 도매 판매 담당자인

딕 바이Dick Bye와 전화 통화를 했다.

헴프 유니온은 청바지를 백 달러에 팔고 있다고 말했다. 그는 나에게 '내추럴' 색깔 한 벌을 보냈다. 청바지는 우수했다. 면 청바지보다 훨씬 부드럽고 유연한 것이 마치 리넨 같았지만 더 질기고 따뜻했다. 상표에는 매우 매력적이고 눈에 띄는 녹색 나뭇잎이 있었는데, 거기에는 '옷을 태워 그을리면 끔찍한 두통 외에는 아무것도 얻지 못할 것입니다. 지구를 구하세요!' 라고 씌어 있었다.

헴프 유니온 제품이 노동 착취 없이 제조되었다는 주장은 사실일까? 딕 바이는 자기들의 청바지는 덴마크에 있는 회사를 위해 중국에서 제조된다고 말했다. 완벽하게 '정치적으로 올바른' 청바지란 실현 가능하긴 하지만 세 배가량의 비용이 더 들게 되는데, "현재 시장이 이것을 감당할 수 있을 것이라고 생각하지 않는다."고 그가 말했다. 나도 그가 옳다고 생각했다.

누가 청바지 값을 지불하는가?

나는 이에 대해 잠시 생각해 보았다. 만일 독성 약품과 착취된 노동자의 땀이 없는 청바지가 300달러라면, 도대체 50달러짜리 청바지의 나머지 250달러는 누가 내고 있다는 것인가? 당연히 노동자 착취 공장의 젊은 여성들과 파괴당하는 환경일 것이다. 실질적으로 그들은 소비자에게 보조금을 제공하는 셈이다. 이에 대해 좀 더 생각해 보자. 생산자들이 만약 좀 더 많은 수입을 올릴 수 있게 되어 그들 자신까지도 오히려 더 가격이 저렴해진 공정 거래 상품들을 살 수 있게 된다면, 이는 사실 우리가 추구하는 이상적인 상태에 다다른 것이다. 하지만 이것은 현재 무역을 독점하는 기존의 세력이 원하는 모습과는 정확히 반대되는 방향으로 가는 것이다.

현실에는 완벽하게 정치적으로 올바른 청바지는 존재하지 않는다. 우리는 소비자 자본주의가 말하듯 무한정의 선택을 갖고 있는 것이 아니다. 그것은 이미지에 불과하며 소비자 자본주의가 내거는 거짓된 약속일 뿐이다.

'소비자'로서 우리는 권력을 갖고 있다. 우리는 우리가 가진 권력을 건설적으로 이용해야 한다. 이는 절대적으로 나쁜 상품보다는, 상대적으로 좋은 상품을 선택할 것을 요구한다. 또한 우리에게 사고의 전환을 요구한다. 디자이너 상표로 자신의 정체성을 찾으려 하는 어리석은 생각을 버리고, 또 그런 상품을 찾는 과정을 불편한 일이 아니라 새로운 것을 찾아내는 즐거운 일로 생각할 것을 요구하는 것이다. 적어도 부유한 사회에서는 '소비자' 운동이 종종 활발하게 일어났다. 하지만 청바지에 관한 한 아직도 별다른 운동을 벌이지 않았는데, 생각해 보면 이는 당연한 일이기도 하다.

문제는, 변화는 다른 대체재를 구입하는 것으로는 일어나지 않는다는 사실이다. 하지만 개발도상국의 소비자 단체들이 보여 주었듯이 아예 구입을 하지 않으면서 활발하게 항의함으로써 변화를 일으킬 수 있을 것이다.

한편으로 청바지를 만드는 사람들은 무엇을 어떻게 해야 하는지 골몰하고 있다. 그리고 청바지 생산 과정에 연관한 부끄러운 현실을 생각해 보면, 이들은 반드시 성공해야만 한다. 그리고 마찬가지로 아직까지는 미미하지만 점차 자라나는 일군의 개척자들 덕분에 유기농 면과 대안 섬유도 산업화된 면에 맞서는 대안으로 서서히 떠오르고 있다.

그리고 하나밖에 없는 지구가 산업화된 면 생산으로 인한 오염을 끝까지 견뎌 낼 수 없다는 사실도 분명하기에 이들 또한 성공해야만 할 것이다.

하지만 우리는 세계화주의자들이 활주로를 이탈하여 공정 무역으로 전환할 때까지 마냥 기다릴 수만은 없다. 그랬다간 종국에 우리 모두 파멸하고 말 것이기 때문이다. 이제는 여러 가지 대안들에 대해 정치적으로 반응하고 지원할 때다. 생태 정의와 사회 정의라는 두 가닥을 함께 엮어야 하는 것이다. 흔히 이 둘은 묶이기보다는 평행선을 놓고 달리며 서로가 더 시급한 문제를 취급하고 있다는 생각에 사로잡혀 있다. 서로가 서로를 부담스럽게 생각하며 자신과는 다른 역사를 가졌다고 바라보는 경향이 있다. 그러나 이 둘이 함께 엮일 수 있다면 각각은 더욱 강해질 것이며, 변화도 가능해질 것이다.

한편으로 우리는 이제 어느 방향으로 나아가야 할 것인가에 대한 의식을 갖고 있다. 사실 우리가 생각하는 방향이, 현재 벌어지고 있는 것보다 훨씬 바람직하고 자기 파괴적이지 않다는 사실은 분명하다. 그리고 이러한 방향은 무기력해지거나 희망이 없다는 생각을 거부하는 사람들이 개척해 주고 있다. 이제 남은 일은 그들이 정말로 옳았다는 것을 증명하는 것뿐이다.

NO-NONSENSE

N ▷ **6** 선진국의 공정 무역

첫 번째 장벽
공정 무역가들
좋은 초콜릿
투기적 구매
가격의 요요 현상
소규모이지만 높은 효율성
공정 무역의 활성화

FAIR TRADE

코코아 농부의 눈에 비친 선진국의 초콜릿 산업은 과연 어떠할까?
공정 무역이 선진국에서 자리를 잡을 수 있는 길은 무엇인가?
소규모 농부들이 미래의 대안이 되는 방법은 무엇일까?

NO-NONSENSE
06

선진국의 공정 무역

가나의 코코아 농부와 함께 초콜릿 기술자들과 초콜릿 중독자들의 세계로 가다.

　마침내 공정 무역은 선진국의 소비 사회에 이르게 된다. 바로 이곳이 무역에서 90퍼센트 이상의 가치가 존재하는 곳이다. 이러한 상황에서 공정 무역의 역할은 한계에 직면할 수밖에 없다. 극소수 대형 유통 매장이 독점하는 환경에서 소비자들이 공정 무역에 접근할 수 있는 길은 사실상 그러한 매장의 진열대뿐이다. 공정 무역의 규모가 워낙 작기 때문에 바나나 익히기, 커피 원두 볶기, 코코아 제조 등의 자체 산업 공정을 유지하기가 힘들고, 따라서 이러한 공정을 수행할 수 있는 몇 안 되는 독립 기업을 찾는 과정은 결코 쉽지도, 싸지도 않다.
　이처럼 제한된 공정 무역의 규모는 문제를 더욱 어렵게 만든다. 대안 무역 기구(Alternative Trading Organizations, ATOs)의 가장 큰 자산 중 하나는 영국의 트레이드크라프트Traidcraft나 미국의 이퀄 익스체인지Equal Exchange 같은 자선 상점이나 '직거래' 네트워크를 통한 전혀 다른 소매 방식을 고안해 냈다는 점이다. 만약 지역 농산물 시장이나 이웃 간 소매 단체neighborhood retailing initiatives가 성공적으로 첫걸음을 내딛을 수 있다면, 이들은 대량 판매 조합과 같은 성격으로 공정 무역의 규모를 확장시키는 데 제법 큰 도움을 줄 수 있을 것이다. 하지만 지금 당장은 공정 무역이 더 많은 수의 생산자들에게 신뢰를 받기 위해 일정 이상의 규모를 확보해야 하며, 결국 대형 매장의 진열대에 자리를 잡는 것 이상의 대안이 없음을 의미한다. 이에 더해 그러한 규모를 확보하기 위해서는 마케팅과 '상표 인식시키기'가 매우 중요하다는 것을 의미한다. 공정 무역은 아주 주의 깊은 소비자가 아닌 한 알아보기 힘들 정도로 다른 형태의 무역과 비슷한 양상을 보이게 되는 것이다.

이처럼 공정 무역가들은 그들의 손을 더럽히면서 동시에 깨끗이 유지하는 데 익숙하다. 어떤 면에서 그들의 '위장 잠입' 전략은 시장에 끼어들지 못하고 언제까지나 밖에서 맴도는 것보다 훨씬 효과적이기는 하다. 하지만 이와 관련해 감수해야 할 위험은 매우 크며, 결국에는 주류 무역으로 편입되어 버릴 수도 있다. 다만 이런 위험을 줄일 수 있는 한 가지 분명한 사실은 공정 무역가들이 생산자들과 직접적이고 개인적인 관계를 형성하게 된다는 사실이다. 상품 대신 생산자들과 함께 공정 무역의 경로를 따라가다 보면 시작부터 그 차이점은 분명하게 보이게 된다.

"도대체 자기 나라를 떠나 본 적이 한 번도 없는 코코아 농부가 여기 영국에 무슨 일로 온 겁니까?" 그럴듯한 질문이다. 이것은 이민국 직원이 보인 위협적이고도 오만한 태도였다. 고또 아사모아 세레부르는 하나밖에 없는 정장을 입고서도 굉장히 왜소하고 자신 없는 자세로 서 있었다. 코코아 농부인 그는 가나 사람들에게 코코아가 무엇을 의미하는지 나에게 보여 주었다. 이제는 내가 그에게 받은 것을 갚을 때가 되었고, 나는 그에게 영국의 초콜릿 산업을 보여 주려 하고 있었다. 때는 아침 6시 무렵의 런던 게트윅 공항이었다. 누구도 기분 좋아 보이지 않는 아침이었다.

첫 번째 장벽

아사모아를 도울 수 있을까 싶어 나는 되돌아갔다. 이민국 직원은 의심이 많았다. "도대체 당신 캐나다 인(그는 이 단어를 마치 일종의 사회적 질병이라도 되는 양 말했다.)은 무슨 일로 이 코코아 농부를 영국에 입국시키려 하는 거요?" 우리는 사실, 아크라에서 영국 대사관과 싸워 이긴 이후로 남은 것은 평탄한 항해일 것이라고 너무 순진하게 생각했다. 그러나 아사모아의 비자가 처음 거절되었을 때 대사관의 교활한 악당들이 아사모아의 여권에 거부 도장을 찍어 버리고 말았던 것이다. 그리고 아침 6시의 게트윅 공항에서 그 도장은 마치 투우장의 황소에게 던지는 붉은 깃발처럼 싸움의 시작을 알리는 것이었다.

많은 사람들이 국경을 넘을 때 견뎌야 하는 것과 비교하면 그렇게 대단한 일은 아니었지만, 그런 권위적인 오만은 여전히 진저리나는 것이었다. 그것은 단지 아사모아의 피부색뿐 아니라 스타일에 대한 의구심이었던 것이다. 아사모아에게는 지하철의 개

찰구를 통과하듯 입국 심사를 통과하는 세계경제의 지배자들이 가진 것 같은 그런 자신감이 부족했다. 그리고 마치 로트와일러 개(Rottweiler, 목축, 경비, 경찰견으로 쓰이는 독일산 개. 옮긴이)가 공포의 냄새를 맡듯, 이민 당국은 아사모아의 부족한 자신감을 알아채 버린 것이다.

마침내 아사모아가 비자를 갖고 있다는 사실로 그 상황을 통과할 수 있었다. 그러나 이것이 이례적이고도 그다지 호의적이지 않는 사건이라는 것만은 분명했다. 아사모아가 생산한 코코아 원두는 영국으로 오는 것이 허용되었지만, 정작 그 자신은 자기 집에만 머물러야 하는 것이다. 이것은 상품과 자본의 자유로운 이동만을 보장하고 사람에 대해서는 그렇지 않은 세계경제의 대표적인 모순 중 하나다.

우리가 함께 여행을 하는 목적은 초콜릿 생산과 소비에 대한 여러 가지 사안을 살펴보는 것에 있었다. 물론 초콜릿 대기업은 보통 그들의 시설을 노출시키지 않는 것으로 유명했기 때문에 쉽지 않을 것이라는 예상은 하고 있었다. 첫 번째로 우리는 '마스 Mars'에서 거절당했는데, 그들은 슬라우Slough 지방에서 마스 초콜릿이 어떻게 만들어지는지 아사모아에게 보여 주려 하지 않았다. '캐드버리' 역시 우리에게 회의적인 의사를 표했다. 심지어 그들의 직능 노조마저도 그들의 노동 여건과 코코아 농장의 노동 여건을 비교하기 위해 우리가 조합원을 만나는 것을 달가워하지 않았다. 하지만 우리는 굽히지 않고 계속 밀어붙였다.

공정 무역가들

우리는 소규모 농부들의 시장 접근을 돕는 조직인 트윈 트레이딩 사람들을 만나기 위해 런던으로 갔다. 여기서 우리는 공정 무역 방식에 의해 무엇이 이루어졌는지와 코코아 거래에 관한 정보, 그리고 초콜릿 대기업의 정치경제학에 대한 대략적인 개요를 얻었다. 트윈 트레이딩의 '초콜릿 맨'은 사이먼 라이트Simon Wright였는데, 그는 자신이 종사하던 영국 초콜릿 기업이 제품에 함유된 극소량의 고형 코코아 함유량을, 이미 극도로 적은 양이었는데도 더 줄이려 하자 주류 초콜릿 산업계에서 일하는 데 환멸을 느끼고 직장을 옮긴 이였다. 현재 그는 트윈 트레이딩과, 유기농이자 공정 무역으로 판매되는 마야 골드Maya Gold 초콜릿 바를 생산하는 '그린 앤 블랙스Green and Black's'라는 회사에서 동시에 일하고 있다. 사이먼은 아사모아에게 코코아가 시장에 나오기까지의 경로를 보여 주었다. 모든 코코아는 로테르담의 네덜란드 항구를 거쳐서 '더치 코코아Dutch Cocoa' 공장에서 코코아 용액, 코코아 버터 혹은 분말 형태로 제조된다. 그러고 나서 이 코코아 제품들은 유럽 대륙의 몇몇 곳에서 제조되는 초콜릿의 핵심 재료가 된다. 공정 무역되는 초콜릿은 바디샵의 화장품 기초 재료로 이용되는 코코아 버터를 비롯해 스위스나 독일에서 만들어진다.

아마도 가나 코코아의 대부분은 거대한 영국 초콜릿 시장에 도달하지 못할 것이다. 최고급품의 코코아는 최상의 초콜릿 제조자들만이 기꺼이 지불할 정도의 프리미엄 가격을 지닌다. 하지만 대부분의 영국 공장들은 최고급 초콜릿을 만들 시설을 갖추고 있지 않다. 트윈 트레이딩의 견해로는 최고급 초콜릿은 영어권 국가에서는 그리 많이 생산되지 않는다는 것이었다. 영국(캐드버리, 마스와 네슬레)과 미국(허쉬, 크래프트, 또 다시 마스와 네슬레)을 잠식하고 있는 거대 초콜릿 회사들은 풍부한 고체 코코아가 들어간 최고급 초콜릿보다는 저비용으로 생산되는 초콜릿에 더 많은 관심을 갖고 있다. 초콜릿 시장의 대표적인 상품은 평균 20퍼센트 정도의 코코아를 함유하고 있는 반면, 유럽의 우수한 초콜릿들은 40퍼센트~50퍼센트 정도를 함유하고 있다.

1톤에 1,750달러쯤 하는 코코아 가격에 기초해 어림잡아 계산한다면, 가게에서 1.8달러 정도에 팔리는 시장의 대표적인 초콜릿 바에서 코코아 생산자에게 돌아가는 몫은 약 3센트 정도가 될 것이다.

좋은 초콜릿

"역사적으로, 영국 사람들은 그들의 초콜릿에서 초콜릿 맛이 나는 것을 그다지 원하지 않았습니다." 사이몬이 말했다. "사실 그들은 어떤 강한 맛도 즐긴 적이 없습니다. 영국의 초콜릿을 한 입 베어 물어 보면, 첫 맛은 달콤한 타피 캔디(설탕, 물엿, 버터를 넣어 만든 캔디. 옮긴이) 같은 맛입니다."

그러나 앵글로색슨 세계를 휩쓸고 있는 더 나은 질의 음식, 안전한 음식에 대한 관심은 좋은 초콜릿의 미래가 좀 더 밝다는 것을 의미할 수 있다. 공정 무역에서 최고의 선택은 어떤 화학약품의 투입도 없는 풍부한 코코아를 사용하고 농부에게 적절한 가격을 돌려주는 고품질 초콜릿을 생산하는 데 있을 것이다. 이것은 공정 무역 상품들이 품질과 건강을 생각하는 제품이라는 이미지와 함께 공정함으로 호소하여 시장에서 거래될 수 있도록 한다. 트윈 트레이딩이 이미 크게 성공한 사례는 바로 '카페다이렉트 Cafedirect'라는 상호로 널리 시판되는 커피를 들 수 있다. 이에 더해 디바인Divine은 1998년 이미 대륙에서 그 인기가 높아지고 있던 공정 무역 코코아 시장에 더욱 강하고 대중적인 브랜드로 진입하게 된다.

대체로 공정 무역 초콜릿 사업은 커피에 비해 자리를 잡기까지 더 많은 시간을 필요로 한다. 가격을 낮게 유지하고 상표 위주의 광고로 방송을 집중 공략하는 것이 가능한 초콜릿 대기업 독점을 비집고 들어가기는 매우 힘들기 때문이다. 만약 다른 방식으로 시장에 나가길 원한다면 비용이 더 많이 들게 된다. 원자재도 더 비쌀 뿐더러 소규모 공장을 이용하기 때문에 그만큼 생산 단가도 비싸지게 되기 때문이다. 그러나 초콜릿 시장은 매우 작은 틈새시장이라도 엄청난 돈과 코코아를 의미할 정도로 커다랗고 수익성이 좋다. 디바인의 개시와 더불어 2000년에 새로 나온 어린이를 위한 초콜릿 '더블Dubble'은 처음으로 공정 무역 초콜릿을 동네 모퉁이 가게, 주유소와 극장으로 가져오는 역할을 했고, 동시에 코믹릴리프(Comic Relief, 빈곤 퇴치를 위한 영국의 자선 단체. 옮긴이)와 교사들을 통해 교육적인 연계를 맺기도 하였다.

투기적 구매

트윈 트레이딩 이후의 다음 목적지는 런던 선물 시장(London Futures Market, NFM)이었다. 코코아를 사고파는 이 장소에 코코아 원두가 보이지 않는다는 점을 아사모아는 놀라워했다. 선물 거래는 누구도 간파하기 힘든, 추상적인 현상이었던 것이다. 이 장면은 마치 〈월스트리트Wall Street〉라는 영화에 나오는 것만 같았다. 거래장에 모인 거래자들의 온갖 비명과 거친 몸짓들은 아사모아에게는, 그 목적이 불가사의하고 모호한 '미친 사람들의 집단'으로 보일 뿐이었다.

우리의 안내인들은 외견상 복잡한 겉모습 뒤에 있는 거래 시스템의 합리성에 대해 설명하느라 곤욕을 치르고 있었다. 훨씬 많은 단순 투기가 벌어지는 뉴욕의 선물 시장과 달리, 런던 시장의 매매 70퍼센트~80퍼센트는 '실물physicals'에 기반한다고 안내자들은 지적했다. 하지만 우리는 이러한 설명을 다음과 같이 해석했다. 실질적인 코코아의 거래는 관련 산업 종사자들, 즉 운송업자, 대규모 교역소, 가공업자와 제조업자에 의해 이루어지지만, 여전

• 선물 시장—미래의 특정 시점에 인도될 상품을 거래하는 시장으로, 수량이나 규격, 품질 등이 표준화되어 있는 상품이나 금융자산에 대한 거래가 조직화된 곳이다. 선물 시장에서 책정되는 가격은 미래의 현물에 대한 것이므로 그 가치에 대한 저평가 등을 가져와 가격이 상품의 가치를 제대로 반영하지 못하는 경우가 발생하기도 한다. 옮긴이
▶출처—두산세계대백과

히 20퍼센트~30퍼센트의 거래량은 코코아와 전혀 상관이 없는 순수한 투기꾼들에 의해 이루어진다는 것이다. 초콜릿 대기업들은 주로 대리 구매자들을 이용하기 때문에 그들의 진짜 '수요'의 의도는 숨어 있다. 다시 말해 이 시장이 코코아 산업에게 가진 목적은 예상치 못한 가격 상승에 대비해 현재 가격을 확보하려는 보호책인 것이다. 이것은 코코아와 같이 기복이 매우 심한 시장에서는 충분히 이해할 만한 것이었다. 코코아 가격은 높게는 일 톤당 4천8백 달러에서, 낮게는 8백 달러까지 내려간 적도 있기 때문이다.

가격의 요요 현상

그건 그렇다 치자. 하지만 거래되는 선물 계약의 2퍼센트~3퍼센트만이 실제 코코아 거래로 연결된다는 사실을 알아야 한다. 실제로 존재하는, 혹은 미래에 존재할지도 모르는 코코아의 일고여덟 배가량이 선물 시장에서 거래된다. 선물 계약은 향후 2년 앞을 내다보고 거래되고 있었다. 내게 이런 거래는 투기라고밖에 보이지 않는다.

게다가 선물 시장이 세계 코코아 가격을 결정하고 결과적으로 농부들이 받게 되는 몫을 결정하는 데 핵심적 역할을 함에도, 실질적인 원두 거래는 선물 시장을 거치지 않고 관련 산업 종사자들 간에 팩스나 전화로 이루어진다. 하지만 가격은 이미 선물 시장에서 결정된 뒤다. 수많은 사람들이 선물 시장에서 엄청난 이득을 본다. 전체 코코아 시장이 착취당하는 생산자들에 기반하고 있음에도 이런 투기가 버젓이 일어나고 있다는 것은 무엇인가가 크게 잘못되었다는 것을 보여 준다. 코코아로 그렇게 많은 돈을 벌 수 있음에도 왜 쿠마시에 사는 아사모아는 그의 막내아들 학비조차 벌기가 그리 힘든 것인가? 물론 수요와 공급의 균형을 맞추는 좀 더 합리적인 방법들이 있기는 하지만, 모든 것을 '자유화' 하라고 요구하는 현대 시장의 광기에 비추어 볼 때 전혀 현실성이 없다.

크레이그 샘스Craig Sams'의 홀 어스 푸드Whole Earth Foods는 '그린 앤 블랙스' 라는 유기농 초콜릿을 생산한다. 공정 무역으로 만들어지는 마야 골드 초콜릿은 벨리즈의 협동조합에서 들여온 코코아로 만든다. 샘스는 식품의 정치경제학에 대한 폭넓은 시야와 코코아와 초콜릿에 특별한 관심을 갖고 있다. 샘스는 좋은 초콜릿의 풍부한 맛과 특징이 소규모 농부들이 다양한 나무와 원두에 쏟은 독특한 관심과 연관되어 있다고 보았다. 샘스는 이것이 대규모 플랜테이션 농업의 획일성으로는 절대 대체될 수 없다고 확신했다. "이 세상 어떤 것도 코코아 같은 복잡한 맛을 갖고 있지 않아요. 코코아 원두에서는 4백 가지의 다른 향이 있습니다. 장미는 단지 열네 가지 향을, 양파는 예닐곱 가지가 고작이죠." 샘스는 코코아가 세계에서 가장 많은 살충제가 살포되는 농산물이라는 점을 괴로워했다.

그러나 샘스는 소규모 농부가 궁극적으로 원두를 가장 효과적으로 생산할 주체라고 믿었다. "플랜테이션은 오로지 이것들이

●빗자루 병―일명 도깨비집 병이라고도 한다. 벚나무, 대나무, 산철쭉 따위의 나무에 작고 가는 가지나 잎이 이상하게 많이 나는 병이다. 옮긴이 ▶출처―YBM sisa.com

극단적인 저임금과 노예노동의 조건하에서 운영될 때만 경쟁할 수 있어요. 사람들이 이러한 조건들을 오랫동안 참고 견딜 때만 말이죠." 브라질과 말레이시아의 플랜테이션에서 생산된 코코아 생산량의 폭락은 샘스의 주장을 반영한다. 브라질 플랜테이션에 번졌던 빗자루 병Witches Broom이라는 유행성 질병은 이처럼 유전적 획일성이 가진 취약함을 단적으로 보여주는 사례다.

소규모이지만 높은 효율성

소규모 생산이 코코아에 있어서는 장점이 될지 몰라도, 초콜릿 소매 산업에서는 그렇지 않다. 샘스는 거대한 영국 초콜릿 시장에 끼어들기 위해 힘든 시간을 보내야만 했다. 속속들이 파고드는 광고, 구매자들에 대한 영향력과 값싼 상품이라는 조합은 초콜릿 대기업을 무서운 경쟁자로 만들었다. 그럼에도 그린 앤 블랙스의 판매는 해마다 20퍼센트~30퍼센트 정도씩 성장하였다.

아사모아는 여기서 판매 기회가 있음을 재빨리 간파하고는 샘스에게 가나 코코아 협동조합에서 코코아 원두를 들여올 생각이 있는지 물어 보았다. 샘스는 이에 대해 호의적이었으나, 그러기 위해서는 인증된 유기농 상품 조건을 만족시켜야 한다고 했다. 아사모아는 이에 대한 가능성을 고려해 보았다. 나중에 우리가

NO-NONSENSE

코코아 사슬

초콜릿 바는 아주 단순해 보일 수 있다. 그러나 가나와 같은 생산국에서 코코아 원두가 자라서, 건조되고 처리된 뒤에도, 하나의 초콜릿 바가 되기 전까지 매우 복잡한 과정을 지나가야 한다. 그 후에 포장되어 슈퍼마켓과 같은 소매점들에 배급된다. 다음 그림은 이러한 과정을 보여 주는데, 그 처음부터 끝까지 대기업이 연관되어 있음은 물론이다.

코코아에서 초콜릿까지

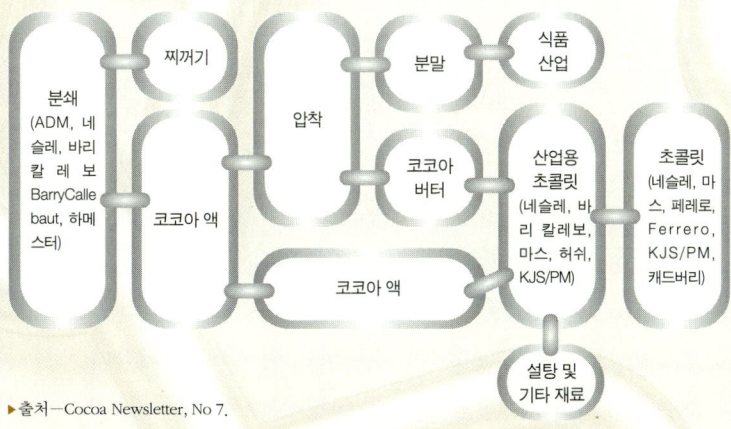

▶출처—Cocoa Newsletter, No 7.

런던 웨스트엔드의 몇몇 유기농 가게들을 견학하면서 아사모아는 가나 코코아 협동조합이 '유기농'으로 전환해야 한다는 얘기에 점차 큰 관심을 기울이는 것 같았다. 다른 많은 가나의 농부와 마찬가지로 아사모아도 비용 문제 때문에 이미 화학 살충제의 살포 양을 줄인 상태였다. 치명적인 블랙 팟(Black Pod, 1920년대 이후 코코아 생산에 영향을 끼친 균에 의한 질병. 옮긴이) 질병을 막기 위해 사용되는 살균제는 비교적 저렴하고 독성이 약하기 때문에 사용을 그만두도록 다른 농부들을 설득하는 것은 어려울지도 모른다. 그러나 아사모아는 이것이 바로 미래의 대세일 수 있다고 생각하기 시작했다. "우리가 파는 모든 것은 유기농이어야만 한다고 생각해요. 그렇지 않고서는 우리는 뒤떨어지게 되고 결국 우리 코코아를 판매할 수 없게 될 것입니다."

우리 견학의 마지막 여정은 바로 초콜릿 대기업의 테마 공원이었다. 대부분의 초콜릿 회사들, 실은 대부분의 식품 회사들은 공장 주변을 서성이며 꼬치꼬치 캐묻는 고객 집단을 좋아하지 않는다. 그래서 테마 공원을 외부에 설치하였다. 이 테마 공원은 초콜릿 생산 과정을 환상적으로 역사와 혼합시켜 화려한 판촉의 장으로 만들어 낸 것이다. 우리는 '캐드버리 월드'에 들어갔다.

그곳에서 우리가 받은 인상은 상상을 초월하는 것이었다. 한 교대조가 열두 시간 동안 34만5천 개의 초콜릿 바를 포장한다. 즉 1분에 8백 개의 초콜릿 바를 포장하는 것이다. 이것은 일주일에 만2천 톤에 해당하는 양이다. 초콜릿이 사치스러운 음식이라는 명성을 지니고 있기는 하지만, 초콜릿 대기업들에게 초콜릿은 공장에서 생산되는 한낱 상품일 뿐이다. 캐드버리 월드에 있는 많은 작업들은 손으로 수행되지만, 실제 공장에서는 모든 것이 자동화되어 있다. 이러한 아이디어는 초콜릿 대기업들이 여전히 초콜릿 생산 과정을 절대 지치지 않는 '우리의 가장 숙련된 초콜릿 기술자의 빈틈없는 눈'으로 수행되는 공예 작업으로 여기고 있다는 인식을 소비자에게 심어 주기 위한 것이다. 그 기술자들은 '초콜릿 중독자들'이며 '초콜릿은 그들의 삶의 방식'이라는 것이다. 하지만 아사모아는 캐드버리의 생산 라인에서 일하는 것보다는 자기 나무 아래에서 일하는 게 훨씬 낫다고 생각했다. 아사모아는 자신을 한 젊은 노동자에게 소개하고 가나 코코아의 사용에 대해 물었다. 그 노동자는 대부분의 코코아는 말레이시아에서 오는 것 같다고 말했다.

캐드버리 월드는 위생적인 코코아의 역사(이 역사에 노예는 나타나지 않는다.)에서 '공예 작품 같은' 초콜릿 만들기의 샘플과, 전 세계에 수십 년에 걸쳐 펼쳐진 광고를 보여 준다. 이 모든 것은 '코코아 원두 마을Beanville'이라고 불리는 장소를 도는 작은 차를 타고 디즈니 만화 같은 판타지로 끝나는데, 이곳에서 사람들은 빈 팀Bean Team과 처키 촉Chunky Choc 아저씨 같은 인물을 만난다. 시각적 도상학(圖像學, iconography)으로 보이는 이미지는 완벽하다. 허술하게 관리되는 제3세계의 원료를 슬금슬금 엿보면서, 그 재료들을 조립 라인에 던져 놓고서는 쉽게 믿어 버리는 소비자들에게 그들의 구매가 환상의 행복으로 가는 마법의 길이라고 확신시키는 산업인 것이다. 그들의 광고는 스페인에서는 플라

멩코 기타에 맞춰지고, 미국에서는 귀엽고 앙증맞은 미니 달걀과 토끼로 꾸며진다.

아사모아의 주된 반응은 놀라움 그 자체였다. 가나에 있는 그의 8에이커 농장에서 시작된 코코아의 여정은 길고도 길었다. 대기업의 관심은 시장의 점유율을 높이고 비용을 절감하려는 것뿐이었다. 그리고 서아프리카의 농부들이 원두에 적절한 가격을 보상받고 최소한의 삶의 질을 보장받기 위해 투쟁하는 것은 이와는 아주 동떨어진 현실이었던 것이다.

그러나 시장은 넘쳐난다. 가나의 거대한 쿠마시 시장에서는 아사모아의 딸 글로리아가 토마토와 양파를 팔고 있는데, 초콜릿과 코코아 원두만 빼고는 누구나 무엇이든 살 수 있는 그런 시장이다. 이 시장은 콩깍지가 나무에서 피어나기도 전에 코코아를 거래하는 장거리 수출 시장과는 매우 다르다. 가뭄은 가격을 급속하게 변화시킬 수 있지만, 궁극적으로 가격은 이를 결정하는 현대적 조사 기술의 온갖 장비들과 상업적 계산을 이용한 초콜릿 대기업들의 수요와 공급의 투영이다. 이것은 서로의 존재를 거의 인식조차 못하는 양극의 구매자와 판매자 간의 불균형한 싸움이다. 뉴욕 상품 거래소에서 수십만 달러의 월급을 받는 딜러와 서아프리카의 작은 코코아 농장을 소유한 사람의 차이는 너무나 커서 일일이 따져 볼 수도 없다. 그럼에도 한쪽이 경쟁력을 높이려 하는 행위만으로도 다른 한쪽은 단순한 생존마저 위태로워질 수 있는 것이다.

아프리카의 시장은 이와는 다르다. 여기에서 사람들은 서로를 눈으로 보고, 상품의 질과 무엇이 공정하고 양자가 무엇을 제공할 수 있는지를 상의한다. 만약 상품이 기대에 미치지 않는다면 구매자는 직접 불만을 전할 수 있다. 판매자가 생각하기에 가격이 너무 낮다면 대개의 경우 더 적정한 가격을 지불할 다른 소비자들이 있다. 여기의 가격은 사람들의 생존을 위한 필요에 좀 더 부합한다. 여기에는 정직과 평등이 있다. 만약 '자유 시장'이 영웅시되는 이야기를 듣게 된다면, 그 말을 하는 사람이 도대체 어떤 시장을 염두에 두고 있는지를 다시 생각해 봐야 할 것이다.

공정 무역의 활성화

국제무역에 공정성을 끌어들이기 위해 많은 노력이 기울여지고 있다. 이러한 노력은 고품질의 초콜릿 생산과 밀접하게 연결되어 있다. 가나 코코아 협동조합과 같은 농부 조합들, 트윈 트레이딩과 같은 공정 거래업자들, 그리고 대부분은 유럽 대륙에 있는 그린 앤 블랙스, 디바인과 다른 여러 공정 무역 생산자들은 이러한 길을 선도하고 있다. 캐나다와 미국에서는 볼리비아 코코아로 만든 마사코Masaco 초콜릿을 구할 수 있다. 호주에는 사모아 코코아로 만든 '포스 10Force 10'이, 아오테아로아, 즉 뉴질랜드에는 '트레이드 에이드Trade Aid' 초콜릿이 있다. 그러나 좀 더 높은 코코아 가격은 초콜릿 대기업의 우선순위 리스트 저 아래에 있는데, 이 리스트는 전 세계 기업 경제의 리스트들과 같은 경향을 갖는다. 합병 마니아, 비용을 줄이기 위한 재구조화, 그리고 시장 점유율을 위한 전쟁, 이들 대부분은 광고 공세와 코코아 함유율이 적은 초콜릿 바와 사탕을 통해서 이루어진다.(232쪽, '기업의 먹이사슬' 참고)

이에 대한 대안은 공정함과 더 건강한 유기농 상품, 질 좋은 상품을 모두 아우르는 것이다. 그린 앤 블랙스의 크레이그 샘스가 지적했듯 소규모 농부들의 삶의 향상은 그렇게 엄청난 가격의 변화를 필요로 하는 게 아니다. "우리는 작은 것을 위해 사람들을 애먹이지 않아요. 코코아 재배자들에게 25퍼센트의 프리미엄을 줌으로써 그린 앤 블랙스가 한 개의 초콜릿 바를 만드는 비용은 겨우 4퍼센트 오르게 되지만, 농부들에게는 커다란 차이를 가져오지요."

공정 무역 상품을 지원하는 한 가지 방법은 이들에 대한 판매세를 줄여 주는 것이다. 그러나 족쇄 풀린 자유 시장을 찬양하는 시대에 이것은 '불공정한 보조금' 이라는 비판을 듣게 될 것이다. 그럼에도 유럽을 예로 들자면 매주 거의 36달러의 농업 보조금이 평균적인 가족 식단의 식비에 더해진다. 그리고 우리가 살고 있는 바로 이 자유무역의 시대에 가나의 최상품 초콜릿은 유럽의 항구에 도착하면서 34퍼센트의 관세를 물게 되는 것이다.

소규모 생산자들에게 전혀 가망이 없는 상황은 아니다. 소규모 농장이 코코아를 생산하고 생물 다양성을 보존하는 최선의 방법이라는 의견이 점차 떠오르고 있다. 그러나 이 모든 것들이 소규모 농부들에게 장밋빛 미래이지만은 않다. 토양의 비옥도가 떨어지고 나무가 노화하면서 가나의 코코아 생산은 동쪽에서 점차 서쪽으로 이동하게 되었다. 소규모 농부들조차 통합된 해충 관리, 간작의 새로운 아이디어, 토양 과학 등 최고의 풀뿌리 과학의 혜택을 받지 못하는 한, 큰 문제에 직면하게 되었다. 구조 조정 정책이 가나에서 계속되어 오던 농업 지원 서비스를 중지시킨다면 누가 이 일을 할 수 있겠는가?

   소규모 농부들이 미래의 대안이 되게 하기 위해서는 당장 간단한 초콜릿 바부터 시작해야 한다. 이러한 대안을 초콜릿 대기업들이 기뻐할 리는 만무하다. 결국 압력이 필요하다. 정치적 측면에서 이 같은 움직임은 노동조합, 생산자들, 공정 무역가들, 환경 운동가들 그리고 유럽, 브라질과 가나 산업계 활동가들의 연합인 '코코아 플랫폼Cocoa Platforms' 같은 단체에서 시작되고 있다.

   경제적 압력 또한 고품질에다 코코아 함유가 높은 상품의 생산자들이 시작해야 한다. 초콜릿 대기업이 계속해서 팔아 대는 낮은 코코아 함량의 설탕 범벅 초콜릿에 대한 대중의 불만이 높아질수록 더 나은 질의 초콜릿이 뚫을 수 있는 틈새시장은 확장될 것이다. 반면 대규모 시장으로 공정 무역 상품이 성공적으로 등장하는 것을 보면(특히 어린이들이 '다크' 초콜릿을 전혀 좋아하지 않는다는 사실을 고려함에도) 이들 대체 상품이 '틈새'에만 한정되지 않는다는 것을 알 수 있다. 시장 점유율이 조금이라도 하락하는 것은 초콜릿 대기업들로서는 무시할 수 없는 일이다. 따라서 정치인들이 말하기 좋아하듯 이것은 '누이 좋고 매부 좋은' 각본이 된다. 농부들도 좋고, 소비자들도 좋고, 생태계에도 좋다. 미안하게 생각할 것 없다. 공정 무역 초콜릿이라면 한 입 더 먹어도 좋다.

NO-NONSENSE

불공정한 거래

모든 개발도상국 상품들이 선진국에서 '상업화' 되는 데 있어 끊임없이 제기되는 문제는 이러한 현상이 극소수의 초대형 다국적기업에 의해 좌우된다는 사실이다. 여기에다 월마트와 같이 끊임없이 성장하는 대형 소매 체인들의 권력을 합쳐 보면, 이처럼 독점에 가깝거나 과점이 이루어졌을 때 모든 것이 자신의 이해를 위해 작동하도록 하게 되는 시스템을 이해할 수 있게 된다. 무역의 한쪽 끝인 '소비자' 측면을 통제하는 한 그들은 다른 한쪽 끝인 '생산자' 측면에서 어떤 것이 이루어져야 하는지를 결정할 수 있게 된다. 세계무역이 무한 경쟁을 조장한다는 명제는 완전한 허구다. 기업들은 서로 간에 분쟁의 원인보다는 공통적인 이해를 더 많이 공유한다.

우리는 커피부터 초콜릿, 바나나에 이르기까지 일련의 상품들에 걸친 통제가 비슷한 양상을 보인다는 사실을 발견할 수 있다. 그러나 뭔가 새로운 현상이 또한 나타나기 시작했다. 실질적인 생산에 따르는 위험성은 매우 큰 반면, 그에 대한 보상은 사실 그리 대단하지 않다. 그렇기 때문에 대기업은 생산을 직접 통제하던 방식에서 벗어나 점차 소규모나 '독립' 생산자들에게 맡겨 두기 시작하였다. 그런 생산자들이 자신의 생산물을 팔 수 있는 곳은 대기업밖에 없기 때문이다. 바로 이것이 현재 대기업들이 이른바 여러 가지 생산물을 '상업화' 나 '상표화' 시키는 데 혈안이 되어 있는 이유인 것이다.

이러한 방식이 일어나는 형태는 상품에 따라 조금씩 다르다. 바나나는 냉장된 상태로 '대형 냉장고' 같은 배에 실려 도착하는데, 판매될 때까지 짧은 시간 동안 그다지 많은 관리가 요구되지 않는다. 바나나는 그 껍질에 기업의 '상표' 가 그대로 붙는다. 커피는 볶기부터 혼합까지, 그리고 '인스턴트' 커피를 위해서는 냉동 건조까지 좀 더 많은 과정을 필요로 하기 때문에 상표가 커피 병에 붙게 되며, 바로 이 지점이 기업의 권력이 작동하는 곳이다. 초콜릿은 이보다도 좀 더 복잡한데, 초콜릿은 설탕, 우유, 지방 같은 다른 재료들을 필요로 하고, 초콜릿 바, 비스킷, 사탕이 만들어지기 위해 대부분 하나의 생산 단계를 더 거치기 때문이다.

대기업들은 모든 상품이 최종 소비자의 손에 닿기까지 과정 중 가장 중요한 단계에 반드시 관여하게 된다.

통제의 집중

커피

- 슈퍼마켓 자체 브랜드 **14.8%**
- 기타 **6.5%**
- 크래프트 제너럴 푸드 **20.8%**
- 네슬레 **57.9%**

초콜릿

마스와 허쉬는 미국 초콜릿 판매의 4분의 3을 차지한다.

캐드버리, 네슬레와 마스는 영국 초콜릿 판매의 4분의 3을 차지한다.

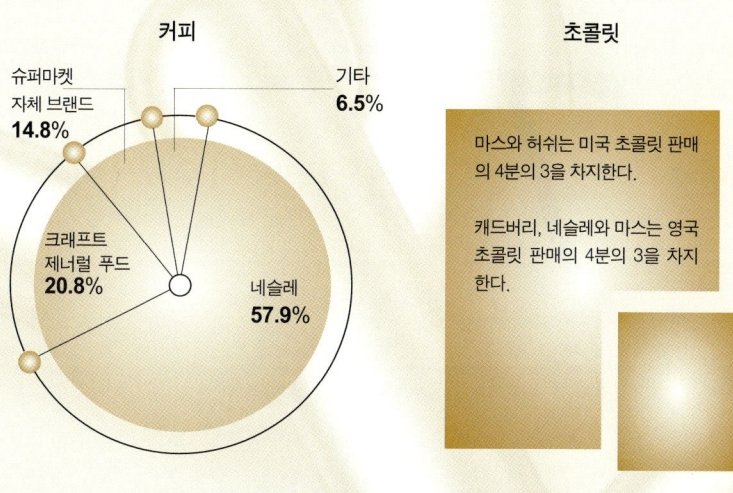

바나나

- 파이프스Fyffes **6~7%**
- 노보아Noboa (에콰도르) **13%**
- 델 몬트 Del Monte Fresh Produce **16%**
- 기타 **13%**
- 돌 푸드 Dole Food Company **25~26%**
- 치키타 브랜드 Chiquita Brands **24~25%**

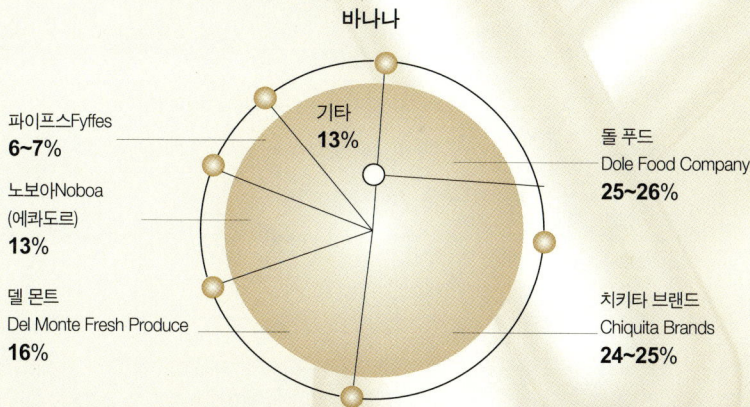

▶출처—Anne Claire Chambron, 'Bananas: the Green Gold of the TNCs' in Hungry for Power, UK Food Group, London, March 1999.

NO-NONSENSE

7 거인들 사이의 갓난아이

자유 시장에 대항하여

진정한 혜택

세계적인 것과 지역적인 것

공정 무역이 약속하는 것

상표화에 주목하라

대학 내 캠페인

노조의 투쟁

시애틀에서의 국제무역기구 회의

이성의 중재자

소비자의 책임

자본주의의 약점

Fair trade

미래의 소비자 사회는 어떤 모습이어야 하는가? 소비자들이 주권을 찾으려 한다면, 그것은 누구를 향한 권리 찾기여야 하는가?
공정 무역이 생산자와 소비자에게 약속해 주는 것은 어떤 것들이며, 유기농과 공정 무역은 어떤 관계를 지니고 있는가?

NO-NONSENSE
07

거인들 사이의 갓난아이

왜 우리의 미래를 자유무역이 아니라 공정 무역에 걸어야 하는가?

  슈퍼마켓의 통로를 지나갈 때, 우리는 일종의 종교 예식의 참여자가 된다. 제단의 선반에 쌓여 있는 것은 충동구매로 우리를 유인하는 수천 가지의 상표화된 아이콘이다. 어떻게, 어디에서, 누구에 의해, 그리고 어떤 과정을 거쳐 이러한 아이콘이 만들어졌는지에 대한 진실, 즉 '상업적 비밀'에 대해서는 아무도 관심이 없다. 왜냐하면 이러한 진실은 우리의 믿음에 치명상을 가하는 의심을 불러일으키기 때문이다. 우리가 선택한 아이콘이 계산대를 지나면 우리가 바쳐야 하는 공물의 양이 결정된다. 그리고 마침내 우리는 집에서 우리가 선택한 아이콘을 소비하게 된다.
  때때로 우리는 계산대 금고 너머로 친숙한 얼굴, 즉 학교 친구나 우리가 아는 누군가의 아이나 부모를 발견하곤 한다. 이 사람은 아마도 일반 소비자들이 소비의 욕망에 사로잡힌 채 몰려다니며 거들먹거리는 꼴사나운 보습을 보아 왔을 것이다. 하지만 계산대에 서 있는 이들은 보통 소비자들의 요구를 항상 받아들이고

순종해야만 하게 되어 있다. 소비자 자본주의는 이와 같이 우리를 고분고분한 생산자와 군림하는 소비자에 기반해 행해지는 극단적인 행동을 받아들일 수밖에 없게 한다.

정통 경제학은 아무렇지도 않게 세계를 둘로 나눈다. 신용과 빚, 자산과 부채, 이윤과 손실, 공급과 수요, 생산자와 소비자 등등. 정통 경제학은 둘로 나누어진 세계는 일종의 균형 혹은 '평형 상태'를 이루려 한다고 주장하지만, 현실은 이와 반대였다는 것을 역사는 보여 준다. 실제로 소비자 자본주의는 임의대로 슬럼프나 벼락 경기로, 공황이나 호황으로 거칠게 방향을 바꾸며 항상 위기 상황들로 치닫고 있다. 이는 사람으로 치자면 조울증 같은 정신질환의 증상과 같은 것이다.

이런 일상생활의 모호함에 갇혀 있기 때문에 사람들은 전적으로 소비자나 생산자의 입장에 있는 것이 아니라 항상 양자의 상태에 놓이게 된다. 생산자 없이는 결국 소비할 것도, 소비할 사람도 없다. 게다가 돈벌이에 혈안이 된 거대한 마켓들은 입장료를 내지 않는 한 자기 상점에 들여보내 주지 않겠다는 엄포를 놓고 있다. 이런 상황에서 과연 '소비자' 사회는 어떤 모습이어야 하는가? 만약 소비자들이 자기 주권을 찾고자 한다면, 그건 정확히 누구에 대한 주권을 의미하는가?

자유 시장에 대항하여

사람들이 마지막으로 광포한 자유 시장의 세계 자본주의에 대항했던 19세기는 결국 완전한 혼돈과 두 차례의 세계대전이라는 산업적 유혈 사태를 일으켰다. 그러고는 이에 대한 대안들이 재빨리 제시되었다. 노동자들의 연합체, 소매 협동조합, 소비자 신용조합, 상호 보험, 저당 기금 등 갖가지 창의적인 대안들이 쏟아져 나왔다. 미국의 저축 기관과 대출 기관들, 영국의 주택 조합들, 세계의 도·소매, 생산자 협동조합들이 그것인데, 사실 이들은 이상주의와 정치적 야망에 의해 만들어진 것이지 실질적인 필요에 의해 만들어졌다고는 보기 힘들다. 한마디로 '자유' 시장에서 사람들은 음식을 살 형편이 못 되었다. 더 가난한 사람들은 은행 융자를 구할 수도 없었고, 장례식조차 많은 사람들에게는 사치스러운 것이었다. 당시 상호 회사나 협동조합은 사람들의 필요를 아주 효율적으로 만족시켜 줬기 때문에 그 차이점을 점점 찾기 힘들어졌다.

시간이 가면서 이러한 대안들 중 일부는 소비자 자본주의에 합류하여 결국 회원들의 단기적인 이익을 추구하는 '비상호적인' 성격으로 변질되었다. 언제나 재빨리 한몫 챙기려는 약육강식의 선전꾼들과 관리 직원들, 그리고 이들과 연계된 현금 회전용 신용 사기가 들끓게 된 것이다. 이러한 시각으로 보았을 때 조합이나 상호 회사를 통한 노력, 그리고 그들이 남긴 공정 무역에 대한 유산의 미래는 어두워 보인다.

하지만 여기서 간과하지 말아야 할 것이 있다. 아직도 남아 있는 그러한 운동들은 그들이 지닌 정치적인 의미, 그리고 종종 '윤리적'으로 재구성된 의미로 인해 여전히 건재한 모습을 과시하고 있다. 과거 상호 회사들이 백기를 내던지며 포기했던 당시와 똑같은 형태로, 현재에는 오히려 부유한 나라에서조차 더 큰 빈부격차로 인해 채워지지 않는 요구들이 다시 나타나고 있기 때문이다. 더욱이 현재 세계 인구의 대다수는 빈곤하다는 사실과, 가난한 사람들은 소비자 자본주의의 주요 관심 대상이 아니라는 사실도 직시해야 한다. 비록 그들이 관심을 받고 있지 못함에도 가장 기본적인 삶의 질을 유지하기 위해 항상 서로 돕는 상호주의에 의존해야 하는 것이다.

진정한 혜택

공정 무역이 어떤 '틈새시장'의 한계를 크게 넘어서는 반향을 가져온다는 사실을 인정하는 것은, 가난을 미화하는 낭만주의 때문이 아니다. 개발도상국에서 지난 수 년간 내가 목격한 수십 개의 공정 무역 프로젝트에서도 그 혜택은 너무나 분명했다. 오히려 날 궁금하게 한 것은 왜 이런 혜택에도 그러한 프로젝트가 더 많아지지 않는가, 어떻게 하면 이런 프로젝트의 규모를 더 크게 만들 수 있을까 하는 문제였다. 비록 공정 무역이 현재는 거인들 사이의 갓난아기처럼 작고 왜소할지라도, 우리의 밝은 미래는 거인이 아니라 바로 이 갓난아이에게 있는 것이다.

이것이 사실이라면, 공정 무역은 그 신뢰성을 지키기 위해 다음과 같은 진지한 문제들에 답할 필요가 있다. 공정 무역은 기존의 무역 방식과 실제로 어떻게 다른가? 공정 무역은 변하지 않은 시스템에 단지 어떤 '윤리성'만을 주입하는 것은 아닐까? 우리가 알고 있는 세계무역을 고려한다면 차라리 세계무역이 없는 것이 바람직한 것은 아닌가? 다시 말해 선진국에서 사람들이 먹는 평균적인 아침 식사로 최소 8천 킬로미터를 이동해 온 것을 이용하는 것보다는 차라리 지역에서 나는 생산물을 소비해야 하는 것이 아닌가? 더 구체적으로 말하자면 그것이 공정한 무역을 거쳐 오게 되었다 하더라도 개발도상국에서 생산되는 식품을 소비하는 것 자체가 본질적으로 불안정하고 파괴적인 시스템이기 때문에 문제가 있다는 것이다.

맞는 말일 수도 있다. 실질적인 환경 비용이 지불된다면 국제무역은 훨씬 더 비싸지고 이윤은 줄어들 것이다. 그리고 활발한 노동운동이 공정하고 기본적인 생존권을 세계 모든 곳에서 얻게 해 준다면 다국적기업들이 더 용이한 노동 착취의 조건을 찾으려는 노력을 줄이게 해 줄 수도 있을 것이다. 또한 인간적 관계의 발전은 지역 단위에서 이루어지기 때문에, 결국 궁극적으로 민주적 통제가 일어날 수 있는 단위도 다름 아닌 지역이다. 전 지구적으로 사고하고 지역적으로 행동하는 것은 상식적인 사실이다.

그런 근본적인 생각이 매우 쉬워 보이기는 하지만, 우리가 현재 처해 있는 현실을 바라보아야만 한다. 사람들은 페루의 커피 농부들에게 그들이 탐보파타 강 계곡으로 이주하지 않았더라면, 그리고 원주민들을 몰아내지 말고 취약한 토양을 약화시키지 않았더라면 더 좋았을 것이라고 말할지도 모른다. 하지만 그것이 바로 오늘날 그들이 처해 있는 현실이고, 아무리 후회해도 사실은 바꿀 수가 없다. 그리고 현실은 그들이 국제 커피 무역에 전적으로 의존한다는 것이다. 공정 무역은 그들의 환경을 보호하고 자신이 삶의 주인이 되도록 도와준다. 그들뿐 아니라 다른 사람들도 이를 실현할 수 있을 때 비로소 그들 역시 그 이후에 자신을 위한 최선의 선택을 할 수 있는 조건에 놓일 것이다.

세계적인 것과 지역적인 것

하지만 '지역적인 것'이라는 점 자체가 반드시 더 바람직한 것이라는 보장은 없다. 예를 들어 극단적인 지역주의는 아주 추악하게 변질될 수 있다. 봉건 유럽이나 멕시코의 아스텍으로 돌아간다고 해서 상황이 더 좋아지는 것도 아니다. 토착 원주민들의 지혜는 그 자체로 가치 있는 것일 수는 있지만, 그것만으로 우리가 앞으로 어디로 나아가야 할지를 알 수는 없기 때문이다.

중요한 구분점은 세계화globalization와 국제주의internationalism의 차이다. 전자가 기존의 부와 권력을 이용해 구속하는 데 반해, 후자는 민주적 통제의 원칙을 추진하여 결과적으로 지역의 다양성을 향상시키게 된다. 제대로 된 공정 무역은 바로 이러한 원칙을 반영하는 것이어야 한다. 그러기에 단지 아침 식사 테이블에서 커피를 치워 버리는 것만으로 해결되는 문제가 아닌 것이다.

● **국제주의**─근대 국제사회에서 개별 국가의 이해를 초월하여 모든 민족과 국가 간의 협조와 연대, 그리고 통일을 지향하는 사상이나 운동을 의미한다. 옮긴이 ▶출처─두산세계대백과

공정 무역이 약속하는 것

공정 무역이 약속하는 것은 이 무역에서 나타나는 높은 가격이 개발도상국의 가난한 생산자들에게 직접적으로 연결된다는 것이다. 이 약속이 지켜진다는 것은 공정 무역에서 매우 핵심적인 부분이다. 그렇지만 공정 무역은 자선 행위와 구분된다. 공정 무역에서 지불한 '프리미엄(마치 이것이 자선 기부금이라는 듯이)'이 어디로 가는지 완벽하게 추적하길 원한다면 결국 이를 관리하는 거대한 관료 조직이 필요할 것이고, 결국 대부분의 프리미엄은 사라지고 말 것이다. 그리고 이러한 조직은 당연히 선진국에서 운영될 것이며, 결과적으로 생산자들에게 또 하나의 독재 조직이 될 수 있다. 이는 공정 무역이 경계해야 하는 대상의 하나다.

이에 더해 공정 무역에 대한 동의는 많은 경우 최저 가격을 보장하는 조건을 지닌다. 이것은 보통 실제 생산 비용에 해당되는데, 세계 상품 가격이 폭락해 특정 수준 이하로 내려갔을 경우에 적용된다. 흔하지는 않지만 가끔 발생하는 호황기 때는 공정 무역 프리미엄은 적용되지 않게 되고, 위와 같은 공정 가격에 대한 약속은 그 의미가 달라진다. 실제로 공정 무역이 처하는 가장 혹독한 시험은 그 같은 호황기 때 치르게 된다. 공정 무역의 필요성이 그다지 분명하지 않을 때 교활한 중개인들이 재빨리 나타나 생산자들로 하여금 단기적 이익에 혹하게 하는 것이다.

공정 무역은 전통적인 무역에서 발생하는 불황기와 호황기를 극복할 수 있는 장기적인 헌신에서 비롯된다. 기업들은 시장에

 NO-NONSENSE

공정 무역의 성장

지금 이 순간에도 전 세계의 공정 무역은 아주 빠른 속도로 성장하고 있다.

▶ 영국에서 공정 무역 상표를 붙여 거래되는 상품들의 가치는 1998년에 3천백만 달러였던 것이, 2003년에는 1억 7천4백만 달러로 증가했다.

▶ 스위스에서 유통되는 바나나의 50퍼센트는 공정 무역 상표를 붙이고 있다.

▶ 전 세계에서 '공정 무역' 상표를 붙여 판매되는 상품들은 1997년에 26,920톤이었으나, 2003년에는 83,480톤으로 증가했다. 이 수치는 2002년과 2003년 사이에만 42.3퍼센트가 증가한 것이다.

▶ 2004년 1월 세계 사회 포럼이 열린 이후, 공정 무역 조직들은 전 세계에 140여 개보다 더 많은 공정 무역 생산자들을 키우도록 하는 정책을 채택했다.

▶ 출처—www.fairtrade.net, www.ifat.org

행사하는 독점적인 통제를 통해 소비자와 생산자 모두에서 이윤을 창출한다. 기업의 '판매 수익'은 생산자에게 지불하는 낮은 가격과 소비자에게서 받아 내는 판매 금액의 차이에서 나온다. 기업이 지닌 권력은 해당 상품이 지닌 실질적이거나 상대적인 가치와는 상관없이 마음대로 한쪽을 낮추고 다른 한쪽을 높일 수 있음을 의미한다.

기업들이 소비자 확보와 '시장 점유'를 위해 서로 경쟁을 하기는 하지만, 그들 모두는 '생산 가격'을 되도록 낮게 유지하고 판매 수익을 높이려는 공통된 이해를 갖게 된다. 공정 무역이 성장함에 따라 기업의 판매 수익에 대한 통제권은 점점 약해질 것이고, 결국 더 많은 이익이 생산자와 소비자에게 돌아오게 될 것이다. 이렇게 된다면 공정 무역에 붙는 프리미엄의 필요성도 점차 사라질 것이다. 지금껏 언급했듯이 생산자들에게 얼마간이라도 이익이 돌아가게 하기 위해서는 상품 가격이 현재 거래되는 수준보다 높아져야 할 것으로 보인다. 이는 빈곤층에서 부유층으로, 그리고 개발도상국에서 선진국으로의 부의 이동과 관련된 것이며, 지금까지 감춰져 왔던 엄청난 부의 편재라는 현실의 전말은 낱낱이 밝혀져야 할 것이다.

상표화에 주목하라

선진국의 소비자에게는 신뢰성 있는 공정 무역 상표가 제공되어야 한다. 우리는 공정 무역 상표의 중요성을 특히 환경 친화 상품 상표의 경험을 통해 배운 바 있다. 상표는 그 자체로서는 별 가치가 없는 것일 수도 있다. 상표는 온갖 불가사의한 '상표(사람들이 지불하는 가격의 많은 부분을 설명해 주는 비용)'와 섞여 버릴 수도 있지만, 공정 거래업자들에게 있어 상표는 믿을 만한 상품이라는 것을 보여 주는 것이기 때문에 아주 중요한 역할을 한다. 전통 무역은 상업적인 포장 아래 숨는 데 반해, 공정 무역은 사람들에게 더 많은 것을 보여 주는 미덕을 지닌다. 물론 사람들이 자신이 뭘 사는지 안다는 것만으로 세상을 변화시키지 못할 수도 있다. 그러나 그들이 모든 것을 무시한다면 세상에 아무런 변화가 없을 것이라는 것은 분명한 사실이다.

이것은 사실 선택 사항이 아니다. 기업들은 자유의 수호자들이라기보다는 오히려 스탈린보다도 더 스탈린식의 '경제 사령탑 command economies'을 선호한다. 예를 들어, 내가 방문했던 멕시코 시우다드후아레스Ciudad Juarez에 있던 네덜란드의 전자 대기업 필립스 소유의 수출 가공 공장에서 모든 고용자들은 다음과 같은 문서에 서명하도록 요구받았다. "어떤 사람들은 이 회사가 우리를 감시하는 빅 브라더와 같은 것이라고 생각한다. 하지만 그들은 사실 이 회사가 얼마나 크고 수많은 다양성을 지니고 있는지를 이해하지 못하고 있을 뿐이다." 이 문장은 문자 그대로 모든 기업들이 작동하는 방식을 그대로 나타내는 문장인 것이다.

사람들은 이에 대한 대안으로 그들만의 유연한 국제적 네트워크를 갖는 연합, 노동조합, 협동조합, 소비자와 환경 단체들을 만들어 왔다. 이들은 궁극적으로 세상에 변화를 가져오게 될 자주적인 움직임들이다. 공정 무역은 이러한 네트워크들 중 하나의 실질적 형태다.

대학 내 캠페인

다음 이야기는 작지만 중대한 변화의 조짐을 보여 준다. 미국의 여러 대학에서는 얼마 전부터 개발도상국에서나 로스앤젤레스 혹은 세계 어디에서든 노동 착취 공장에 반대하는 대규모의 학생운동이 소리 없이 자라나고 있다. 이것은 특히 점차 확장되는 기업 후원에 대한 학술 기관들의 태도에 문제 제기를 하는 형태로, 한 세대에서 다음 세대 학생들로 이어지고 있다.

특히 관련 장비 산업과 기업 상표의 세계화가 거의 완전히 이루어져 있는 스포츠에서 이런 현상은 가장 극심하게 발생한다. 대학 스포츠는 미국에서 이러한 과정의 온상이다. 나이키는 고용 문제에 대한 대학가의 지속적인 비판에 시달리다가 2000년 5월에 이르러서는 상대적으로 더 비판적인 태도를 보인 대학 일부의 스포츠 팀에 대한 후원을 철회하기 시작하였다. 이는 누가 보기에도 분명한 협박용 움직임이었는데, 아마도 나이키 자신에게는 결국 자해 행위로 귀결될 것으로 보인다.

미국 내 노동 착취 공장 반대 운동이 점차 자라나 자신의 입장을 굽히지 않고 밀고 나갈 수 있는 이유는, 결국 실제 사람들과 관계를 맺으면서 알게 된 왜곡된 현실을 언제까지나 감출 수 없었기 때문이다. 이 운동은 세계무역기구가 1999년 11월 시애틀에서 맞닥뜨린 것과 같은 더 넓은 세계의 관심을 불러일으켰다. 젊은 미국인 세대가 초국가적 자본과 미국 기업에 대해 미국 대도시 한가운데서 문제 제기를 한 최초의 사건이 발생한 것이다.

이와 비슷한 풍경은 전 세계에서 나타나고 있다. 세계무역기구, 국제통화기금, 세계은행의 모임, 그리고 선진 7개국이나 선진 8개국 정상회담과 같이 세계화를 둘러싼 모임이 있는 곳이면 어디든 그러한 모습이 나타난다. 선진국에서는 이와 같은 운동이 '폭동'의 관점에서 취재진의 관심을 불러일으키는데, 개발도상국에서 일어나고 있는 저항은 미디어의 관심을 전혀 받지 못하고 지나가고 있다. 그렇다고 저항이 존재하지 않는다는 것을 의미하지는 않는다. 이제 기업들은 어떤 사업이든 강력한 도전을 받게 될 것이라는 것을 알게 되었다.

현재 두 가지 문제가 가장 중요한 이슈로 떠오르고 있다. 첫 번째는 지금껏 세계화된 노동을 억압했던 매듭을 푸는 것과 관련된 것이다. 이에 대해 클린턴 대통령과 미국 정부는 기본 노동 조건이 세계무역기구 협약의 일부로 구성되어야 한다고, 1999년 시애틀의 세계무역기구 회의에서 주창하였다. 이것은 기업의 이해관계와 묘한 동맹으로 맺어진 일부 개발도상국 정부들에 의해 단호히 거부되었는데, 이러한 제안이 미국의 일자리를 보호하고 민주당의 선거 지지율을 높이기 위해 계획된 국가주의적 감정에 냉소적으로 호소하고 있기 때문이었다.

노조의 투쟁

하지만 개발도상국에서 지지를 얻기 위해 필사적인 투쟁을 벌이고 있는 노조원들과 이야기해 보면, 그들이 확보하려고 하는 것은 바로 국제노동기구(ILO)를 통한 기본적인 노동조건들이다. 내 생각에는 이를 둘러싼 오해가 있는 것 같다. 이들이 의미하는 바는 조직의 권리 그 자체인 것이다. 중국의 세계무역기구 가입은 강력하게 반대되어 왔는데, 이는 그들이 지닌 공산주의 유산 때문에 자유로운 직별 노조가 존재하지 않기 때문이다. 그렇다면 기업주의 유산으로 인해 과테말라 같은 곳에서 계속되는 노동 탄압은 이와 무엇이 다른가? 이들의 차이점은 도대체 무엇이란 말인가? 자유무역가들이 흔히 하는 터무니없는 제안 중의 하나는, 바로 중국과 같은 곳에서는 자유화라는 정치적 효과를 지닌 무역이, 과테말라 같은 곳에서는 아무런 효과를 가지지 못한다는 것이다.

시애틀에서의 국제무역기구 회의

시애틀에서 제기된 주요한 질문은 '사회적' 조항을 국제무역기구의 협약에 덧붙일 것이냐 하는 것보다는 국제무역기구가 현재 가지고 있는 것보다 더 큰 권력이 주어지면 현명하게 사용될 수 있을 것인가 하는 데 있었다. 그리고 그에 대한 대답은 당연히 '아니다'였다. 그러나 노동 관련 쟁점은 슬쩍 비켜 갈 수 없었다. 국제무역기구든 누구든 간에 국제연합의 국제노동기구 협약과

「세계인권선언」에서 세워진 가장 기초적인 인권을 무시할 권한은 없기 때문이다. 기업들과 동맹자들은 국제노동기구에 이 사안을 넘기면서 매우 만족해 했는데, 이것이 이빨 빠진 호랑이처럼 아무런 효력도 발휘하지 못한다는 것을 알기 때문이었다. 반면 대기업들에 의해 좌우되는 무역은 힘을 갖고 물어뜯을 송곳니를 갖고 있다.

두 번째 문제는 환경과 관련된 것이다. 이것은 유전자조작 생명체 문제 같은 일부 핵심 쟁점들에 대한 유럽연합의 입장으로 부상하였다. 국제무역기구는 과학적 근거가 없는 한 이에 대한 무역은 제한 없이 이루어져야 한다고 명시하였다. 이것의 환경적 의미는 잠재적인 재앙이다. 예를 들어, 미국 내 기업들에 의해 확보된 '과학적' 승인은 그 후 전 세계에 걸쳐 기업의 이익을 강제하기 위해 이용될 수 있다. 단적으로 현 국제무역기구의 규칙들은 과학적 증명의 책임이 위험보다는 안정성에 있어야 함에도, 더 합리적인 '예방 원칙'을 무시하고 있다.

이와 같이 무역과 관계된 환경 쟁점들은 '유기농' 대안 상품이라는 형태로 슈퍼마켓의 진열대 위에 나타났다. 이것은 최근 선진국에서 일어나고 있는 음식에 대한 공포와 함께 더욱 분명하게 눈에 띄게 되었으며, 또한 이에 걸맞은 비싼 가격표를 달고 나타나고 있다. 내가 방문했던 모든 공정 무역 식품 프로젝트들은 유기농 방법에 적극적인 관심을 갖고 있었다. 이는 높은 가격을 받을 수 있기 때문일 뿐 아니라, 더욱 중요하게는 기존의 생산 방식이 가져오는 화학적 독성이 생산자들의 건강에 미치는 엄청난 영향 때문이다. 만약 선진국 소비자들이 이를 인식하지 못했다면 개발도상국 생산자들의 평균수명이 일반적으로 짧다는 사실에도, 그 원인에 대한 별다른 관심 없이 그 필요성이 제기되지 않았을 것이다.

농약에서의 독성 물질이 더 이상 효력을 나타내지 못하게 되었을 때 우리에게 남겨진 최종 선택은 유기농 방식과 유전자 조작 사이에 있을 것이다. 후자의 무서운 잠재적 영향을 고려한다 해도 농업이 그것을 '불가피한 것'으로 표현한다는 것이 전혀 뜻밖이지만은 않다. 그러나 변형이 필요한 것은 유전자의 구조가 아니라 바로 무역의 구조다. 왜 유기농 상품 또한 공정하게 거래되어서는 안 되는지, 혹은 왜 공정하게 거래되는 상품이 유기농이어서는 안 되는지에 대한 정당한 이유는 없다. 둘 모두가 다른 한 쪽 없이는 번영할 수 없기 때문이다.

이성의 중재자

자유무역 체계는 가격이 최선일 뿐 아니라 유일한 이성의 중재자라는 인식에 바탕하고 있다. 사람들은 경쟁적 자유 시장 속에서 자신이 지불한 만큼만 얻을 수 있다. 가격 이외의 기준들은 '왜곡'과 '정치적 간섭'에 좌지우지되기 때문에 신뢰할 수 없다. 그러나 우리는 값싼 상품, 그리고 이에 따른 선진국의 낮은 인플레이션이 부채라는 메커니즘을 통해 선진국이 개발도상국에 대해 벌이는 공공연한 정치적 관여의 결과라는 것을 보아 왔다. 무역에서 정치를 배제하라는 요구는 순전한 속임수인 것이다.

게다가 거대 기업들이 합병을 통해 서로를 집어삼키고 합하면서 치열한 국제 경쟁이라는 신화는 진부한 것이 되고 있다. 이제 경쟁은 다국적기업들이 이미 독점화된 세계시장에서 점유율을 높이기 위해 일어난다기보다는, 기업에 호의적인 정부 사이에서, 혹은 일자리가 필요한 가난한 사람들 사이에서 더 치열해지고 있다. 이러한 조건에서 물건의 가격은 부와 권력의 지배적인 분배를 반영할 뿐이다.

소비자의 책임

한편으로 공정 무역은 우리가 무엇인가를 구매하는 행위의 결과에 대해 책임을 져야 한다는 사실에 기반하고 있다. 여기서 우리는 완벽한 청바지 한 벌에 대한 질문으로 되돌아간다. 소비자들이 실제 비용보다 적게 가격을 지불한다면, 누가 그 나머지를 지불하고 있는 것인가? 가난한 생산자든 환경이든 이러한 착취와 남용을 영원히 견뎌 낼 수는 없다. 조만간 어떠한 방식으로든 소비자 자본주의는 그들 앞으로 날아오는 계산서를 지불해야 할 것이다. 공정 무역이 가진 특성은 그것이 단지 이론적 선택 사항일 뿐만 아니라 이미 나타나고 있는 실질적 대안이라는 점이다.

최근 들어 국제연합, 그 중에서도 특히 유엔무역개발회의(UNCTAD)는 그들이 맡은 바 임무를 제대로 수행하지 못한다는 사실 때문에 끊임없이 무시당하는 처지에 놓여 있다. 내가 이렇게 생각하는 데는 개인적인 이유가 있다. 1972년 유엔무역개발회의의 회의가 준비되는 동안 나는 우연치 않게 칠레의 산티아고에 있었다. 회의가 열리기 바로 전 몇 주 동안 조그만 기계들이 도시의 도로 위에 하얀색 선을 칠하면서 돌아다니고 있었다. 대표단을 위해 지진을 견딜 수 있게 최신 기술로 지어진 컨퍼런스 센터가 엄청난 공공 비용으로 지어졌다.

우리가 그 대표단을 만날 수 있었던 유일한 시간은 외부의 시위대를 향하고 있던 최루탄이 우연히 컨퍼런스 센터의 냉방 시스템으로 빨려 들어가 대표단들이 길가로 튀어나왔을 때뿐이었다. 이 와중에, 아이티티(ITT, 미국 전화통신기기 제조 회사. 옮긴이)와 같은 거대한 미국 기업들은 선거로 당선된 대중 연합Popular Unity과 살바도르 아옌데Salvador Allede 대통령 정권의 목을 죄느라 정신이 없었다. 이들 기업이 직접적으로 미국 정부의 지원을 받았다는 근거는 문서에도 남아 있다. 그 사실을 알아낸 때가 너무 늦어 버리긴 했지만. 산티아고의 유엔무역개발회의 회의장의 대표들은 이러한 현장의 바로 한가운데 있었으면서도 누구도 이러한 상황에 적극적으로 관여하지 않으려고 했다. 이와는 대조적으로 1973년 피노체트 장군이 대통령 궁을 폭격하고 살바도르 아옌데를 살해한 후 권력을 강탈했을 때, 이 나라의 무역 파트너들은 새로운 정권에 대단히 협조적이었으며 피노체트는 정부를 유엔무역개발회의가 열렸던 컨퍼런스 센터로 옮겼다.

유엔무역개발회의의 온갖 실패로 인해 최근 몇 년 사이 개발회의 내부에서 국제무역에 대한 날카로운 비판이 일어났다. 만약 무역개발회의에서 세계무역기구가 불공정 무역에 대해 지원하는 것의 손톱만큼이나마 공정 무역을 지원하기로 결정한다면, 공정 무역은 사람들이 현재 생각하는 것보다 훨씬 활발하게 번창할 것이다.

무엇이 유엔무역개발회의가 이러한 역할에 착수하는 것을 가로막고 있는가? 바로 그 회원들이다. 누가 그 회원들인가? 바로 우리들의 정부다. 무엇이 그들로 하여금 공정 무역에 대한 지원을 시작하는 것을 가로막는가? 그것은 바로 민주주의로 허세를 떨고 있는 나라들에서 그 회원들을 고용한 사람들의 관성적인 습성이거나, 민주주의의 부재 속에 살고 있는 사람들에 대한 탄압에서 비롯되는 것이다.

자본주의의 약점

비록 지금은 소비자 자본주의의 힘이 막강하지만, 그것은 깊이 뿌리박지 못한 것이기 때문에 영원불변하지도 않고 그리 널리 펴져 나가지도 못한다. 그 시각은 근시안적이어서 세계를 있는 그대로 보지 않고 자신이 원하는 방식으로만 바라보게 한다. 이러한 차이를 알아보기 위해 거대한 기업의 거점에서 아주 멀리 떨어질 필요도 없다. 이러한 점에서 소비자 자본주의는 우리처럼 세상을 달리 바라보는 이들에 비해 못하면 못했지 결코 더 현실적인 미래를 가지고 있지 않다.

자유무역은 궁극적으로 필요한 이들에게 재화를 가져다줄 것

NO-NONSENSE

네트워크와 공정 무역의 미래

약간의 상상력을 동원한다면 무역이 사람들 간의 관계를 억압하기보다는 관계를 표현하는 방법이 될 수도 있다는 것을 생각해 볼 수 있다. 이것이 어떤 형태를 띠게 될지는 다음에서 공정 무역의 개념 정립에 큰 공헌을 한 마이클 바랫 브라운Michael Barratt Brown이 대략적으로 설명하고 있다.

"주택 단지나 마을 혹은 아파트 단지 같은 주거 단위의 가장 낮은 단계에서 지역 의회를 형성한다. 이 의회는 청소, 세탁, 정원 가꾸기, 수도 및 가스 배관, 그리고 소규모 건물 수리 등의 특정 서비스들에 대한 책임을 지는 대신 이에 대한 대금을 받고, 또한 작업장과 소매상점, 가게와 식당을 위한 건물 임대를 통해 수입을 얻기도 한다. 이 수입을 바탕으로 의회는 오락 시설, 공원, 탁아소 등의 환경을 개선할 수 있게 된다. 수평적 연결을 통해 주변의 농촌을 포함한 한 구역 혹은 지역 내의 비슷한 주택 단지와 마을, 아파트 단지들과 네트워크를 구성한다. 이 네트워크를 통해 주택, 의료, 교육, 쓰레기 수거, 인도 관리, 수영장, 크고 작은 공원과 놀이터 같은 서비스를 제공하고, 과일과 야채, 제빵, 주택 건축 재료, 수선 가게 등 지역에서 필요한 물품을 생산하는 사업들을 지원하게 되는 것이다. 정해진 가격은 노동자 대표, 각 가정의 대표와 구역 단위에서 선출된 지역 인사들이 상품의 질과 서비스를 바탕으로 협상해서 결정한다. 이 공동체는 또한 구역 외부에서 공급되어야 하는 재화를 확보하는 역할도 맡는다. 이것은 그들의 필요에 맞는 상품을 생산하는 사업체들과 연계를 구축하는 것으로 가능하다. 여기에 네트워크의 요소를 더함으로써 이러한 관계는 일회성 구입이나 계약을 넘어서는 굳건하고 지속적인 관계로 발전할 수 있다. 방금 묘사한 것은 현재 실천되고 있는 것들인데, 예를 들자면 공공 물품을 구매하는 직원들이 그들의 특별한 요구를 만족시키는 신뢰할 만한 공급자를 찾아 그 관계를 지속시키는 경우가 바로 그것이다. 이러한 공동체는 또한 소수 인종처럼 자신들의 고유한 특정 요구와 기호를 요구하는 네트워크를 지원할 수도 있다. 이런 방식으로 현재 대안 무역과 관련된 수많은 단체를 포괄할 수 있을 것이다.

이 모델은 지역사회와 행정 구역이, 스스로 선출한 의회와 더 확장된 책임을 기반으로 진정으로 분권화된 사회 구성 단위를 형성할 수 있음을 보여 준다. 사람들이 직접 만나 서로의 관심사를 알아 가고, 공동의 시설들을 공유함으로써 이웃에 대한 관리와 보호의 공동 책임을 통감하게 되기 때문이다.

행정 구역과 지역사회 의회는 모두를 위한 사회적 복지를 강화하기 위한 여러 가지 활동을 할 수 있다. 하지만 개인이나 가정 단위의 필요를 위한 조항에서는, 개개인의 약한 재정적 기반을 극복하기 위해 대량의 거래를 통한 더 높은 수준의 권한 또한 확보해야만 한다. 도시나 카운티(county, 주州 바로 밑의 최대 행정 단위를 말한다. 영국에서는 주와 상응하는 용어로 쓰이기도 한다. 옮긴이)와 같이 그 인구가 수백만 명에 이르는 단위가 바로 이런 대량의 구매력으로 얻어진 권한을 가지고 저소득 가정의 요구에 부응할 수 있을 것이다.

시와 카운티 단위에서는 단지 더 많은 사람들과 건강, 교육, 치안, 소방대와 규모에 맞는 공공 교통 시설을 제공하는 것뿐 아니라 전국이나 국제적 규모의 시장을 가진 여러 회사, 공장, 광산과 채석장, 그리고 정제소 같은 시설도 있을 것이다. 시와 카운티에 기초한 느슨하고 수직적으로 통합되어 경쟁하는 네트워크를 충분히 생각해 볼 수 있다. 이 경우 시와 카운티 당국의 권한은 네트워크 내 공급자들이 소득 수준에 상관없이 모든 사람을 위해 공평하게 필요한 상품과 서비스를 제공하도록 책임질 수 있다. 수입과 취향에 대한 지역적 차이는 가능할 것이다. 만약 시와 카운티가 그들만의 공급자 네트워크를 형성한다면, 그들의 네트워크를 넓힐 수 있도록 이웃 도시들이나 카운티와 연계도 도모할 수 있다.

전국이나 주 단위에 이르면 문제가 조금 달라진다. 첫째로는 네트워크와 연결된 기업 간의 관계에 관한 문제이며, 또 하나는 자원의 분배가 어떻게 이루어질 것인가 하는 문제이다. 이와 관련된 지침은 그것이 국가든 주이든 중앙정부의 몫이 될 것이다. 국제무역과 관련된 비용은 연방보다 더 포괄적인 수준의 국제 관계에 기반해 치러야 할 것이다.

이러한 자원 할당의 일반적 범위 안에서, 네트워크는 그들 자신의 연계를 만들거나 사업상 경쟁을 자유로이 수행할 수 있어야 한다. 스스로 가격을 책정하거나 투자를 하는 등의 행위 없이는 네트워크가 효과적으로 운영되지 못할 것이기 때문이다. 그리고 개개의 가정이 속할 수 있는 이러한 네트워크가 많이 존재하고, 단지 보조금이나 기부금에 의존하는 것이 아니라 재정적으로 독립할 수 있을 때 비로소 오늘날 대기업과 같은 힘을 지닐 수 있을 것이며, 동시에 회원에 의한 민주적 통제가 가능할 것이다.

또한 국제적인 자원 분배 시스템과 관련하여 대기업과 네트워크 간의 관계에 대한 문제가 있다. 일부 기업은 다수의 네트워크에 상품을 공급할 수 있을 정도의 큰 규모를 지닐 것이고, 그 경우 그 기업은 분배 센터와 직접적인 관계를 유지하려 할 것이다. 하지만 비록 국가나 주가 아니라 할지도 그 기업의 운영에 있어 지켜야 할 규범을 설정하고 감시할 수 있는 수단이 필요할 것이다.

이 외에도 중요한 문제는 국가나 주, 혹은 현존하는 연방의 관료주의를 지니지 않은 어떤 국제적 규제 단체나 자원 할당 연합체를 만드는 일이다. 여기서 보여 준 것 같은 다수의 네트워크를 가정했을 경우, 이들의 입장을 제대로 반영할 수 있는 어떤 국제단체가 필요하다. 이 경우 네트워크뿐 아니라 관련 기업의 운영 규범을 설정하고 실행할 수 있는 방식은 단순히 어쩌다 한 번씩 열리는 협상 회의만으로는 부족할 것이다. 이에 대한 대안은 수많은 네트워크에 기반한 국제 경제 의회와 같은 형식의 기구로, 국가와 그 지리적인 위치에 기반하여 유엔 총회의 보완적인 역할을 수행할 수 있는 제2의 민중 의회와 같은 형식을 생각해 볼 수 있다."

▶출처─Michael Barratt Brown, Fair Trade, Zed Books, London, 1993.

이라고 약속한다. 하지만 이 약속은 머잖아 거짓으로 드러나게 되어 있다. 어쩌면 이미 드러났는지도 모른다. 그리고 오래지 않아 우리는 왜 그것을 진작 알아채지 못했는지 의아해 하고 있을 것이다.

 부록

본문 내용 참고 자료
저자 참고 문헌
관련 단체
함께 보면 좋을 책

부록 1 — 본문 내용 참고 자료

경제성장과 풍요의 상관관계

정통 경제학은 한 나라가 무역(특히 수입)을 많이 하면 할수록, 그 국민들은 더 풍요로워질 것이라고 주장한다. 경제성장과 같은 몇몇 전통적인 척도로 재어 보아도 이것은 진실과는 상당한 거리가 있다. 예를 들어, 1997년 러시아의 수출(주로 석유와 같은 상품들)은 빠르게 성장하였으나, 경제성장은 단지 0.4퍼센트에 그쳤다. 반면, 불평등은 두 배가 되었고 남성의 평균수명 연령이 4년 이상 낮아진 칠 년 후, 임금은 그 한 해에만 거의 절반으로 떨어졌다. 무역으로 생겨난 부는 경제적 세계화의 시류에 합류한 엘리트(이들 중 많은 수가 범죄자다.)들의 주머니 속으로 사라졌다.

좀 더 폭넓은 척도로 인간 개발을 들여다보아도 그 그림은 참으로 모호하다. 유엔개발계획(United Nations Development Program, UNDP)은 단순히 금전적 돈보다는 교육, 의료, 성, 불평등 등의 복지에 대한 폭넓은 척도를 포함하는, '인간개발지수(Human Development Index, HDI)'를 개발하였다.

이것은 더 나아가 특정 사회의 물질적 부에서 어느 수준의 복지가 합리적으로 예상될 것인지를 제시한다. 인도의 케랄라Kerala 주州와 같이 일부 상대적으로 가난한 사회는 예상한 것보다 훨씬 높은 수준의 복지 상태를 성취하였고, 사우디아라비아나 스위스처럼 상대적으로 부유한 몇몇 사회들은 훨씬 낮은 상태에 놓여 있었다. 후자와 같은 사회의 경우, 인간개발지수 '부족분(shortfall, 인간개발지수의 최대 가능 수치와 현재 성취된 수치 사이의 차이. 옮긴이)'이 생기는데, 이는 전 세계 수많은 나라들의 특징이기도 하다.

수출, 평균 수입, 인간개발지수 부족분이라는 세 가지 발전의 척도는 폭넓은 변동을 보여 준다. 싱가포르와 모리셔스 같은 나라들에서는 수출의 두드러진 성장이 수입의 빠른 성장과 인간개발지수의 부족분의 눈에 띄는 감소와 상응한다. 파키스탄과 우간다 같은 나라에서는 수출과 수입이 상당히 빨리 성장하였으나 인간개발지수 부족분은 거의 줄어들지 않았다.

이러한 차이의 원인은 정부의 정책과 정치적 결정 등과 연계되어 있다.

무역, 성장과 복지 1985년~1987년

▶ 출처—Human Development Report 1999, UNDP.

NO-NONSENSE

공정 무역과 유기농 바나나

유기농 제품에 대한 기준은 이제 명확히 세워져 있고 과학적으로도 증명이 가능하다. 하지만 공정 무역에 관한 한 그 상황은 좀 더 복잡하다. 보통 공정 무역 상품은 소비자와 생산자들 간의 직접 연계, 상품의 최저 가격 보장과 생산자를 위한 가격 프리미엄, 우호적인 재정 지원과 장기적 헌신 등이 포함된다.

아직까지 바나나는 1997년에 전 세계적으로 약 백억 달러 정도의 가치를 가지는 것으로 평가된 유기농 시장에서 적은 부분만을 차지한다. 유럽연합이 세계에서 가장 큰 유기농 시장이며, 독일은 1998년 6천 톤 이상을 소비하는 유기농 바나나의 가장 큰 소비자다. 영국이 그 다음으로 독일의 약 절반 정도를 소비했다. 미국은 독일과 비슷한 양을 수입하여 캐나다 시장에 공급하기도 한다.

현재까지 가장 큰 생산자는 도미니카공화국이며, 멕시코가 그 뒤를 따른다. 일본은 1997년에 2천7백 톤의 유기농 바나나를 수입하였는데, 대부분은 필리핀과 호주에서였다. 유기농 바나나 시장의 전망은 매우 밝은데, 가장 큰 제한은 공급 문제에서 비롯된다. 소매 시장의 가격 프리미엄은 50퍼센트에서 200퍼센트까지 다양하다.

유럽은 또한 공정 무역 상품 전반에 대한 가장 커다란 시장이기도 한데, 1996년에는 전 상품에 걸쳐 인증된 생산자들의 가입을 담당하는 비정부기구인 '국제 공정 무역 상표 기구(Fair Trade Labelling Organization International, FLO)'가 설립되었다. 공정 무역 바나나 수입의 선두주자는 네덜란드의 비정부기구인 솔리다리다드와 개발도상국 생산자 간의 합작 회사인 애그로페어Agrofair다. 애그로페어는 네덜란드 시장에 공정 무역 바나나 시장을 개척하였고, 유럽으로 수입되는 60퍼센트 이상의 공정 무역 바나나를 책임지고 있다. 1996년에 네덜란드에서 사업을 시작한 이들은 불과 몇 달 만에 10퍼센트의 시장을 차지하였으며 현재는 평균 5퍼센트 정도를 차지하는데, 이는 여전히 네덜란드의 어떠한 공정 무역 상품보다 높은 점유율이다. 스위스에서의 점유율은 10퍼센트 정도이며, 소매 시장의 가격 프리미엄은 평균 20퍼센트다. 서유럽의 총수입량은 1997년 12,500톤에서 1998년 17,366톤으로 증가하였다.

주요 공급자는 에콰도르, 도미니카공화국, 코스타리카의 농민 조합과 가나의 한 농장이다.

에이티제이(Alter Trade Japan, ATJ)는 1998년부터 공정 무역 바나나를 필리핀의 네그로스Negros 섬에서 수입하고 있다. 캐나다에서는 지속 가능 개발 기구Sustainable Development Institute와 옥스팜 캐나다Oxfam Canada가 공정 과일 의안Fair Fruit Initiative(지속 가능 연구소Sustainable Development Research Institute에서 후원받는 단체. 옮긴이)을 통해서 브리티시 콜롬비아로 공정 무역 바나나를 소개하려고 하고 있다. 2000년 초반에는 공정 무역 바나나가 영국의 몇몇 슈퍼마켓에 진열되어 판매되기 시작하였는데 그 결과는 매우 고무적이었다.

설문 조사에 따르면, 유럽 소비자의 7.5퍼센트가 프리미엄 가격 10퍼센트 정도 선에서 공정 무역 바나나를 구입할 의향이 있다고 밝혔으며, 이는 일 년에 30만 톤의 양이다. 유럽 바나나 정책하에서 가장 큰 걸림돌은 사업을 시작하는 '신참자'로 수입 면허를 사야 한다는 점이다. 1999년에 그 할당량은 '신참자' 당 276톤으로 제한되었다. 따라서 막대한 프리미엄을 다른 면허 소지자에서 면허를 사는 데 지불해야 하고, 이는 소비자의 소매가격을 부풀리고 생산자에게 돌아갈 몫을 감소시키게 한다.

NO-NONSENSE

기업의 먹이사슬

지난 수십 년간 우리가 가게에서 보아 온 수많은 초콜릿 '상표'들의 대부분은 주요 대기업들에 의해 인수되었다. 포장지만 보고서는 이를 알아채지 못할 것이다. 아래의 그림은 그러한 인수 합병을 보여 준다.

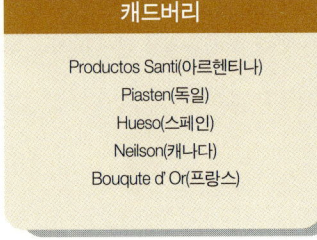

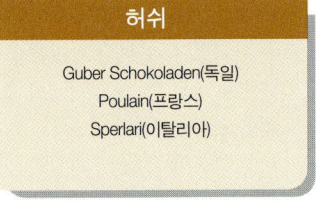

▶출처―Fair Trade Yearbook, 1994 and Cocoa Newsletter, No 3.

NO-NONSENSE

부록 2

■ 저자 참고 문헌

■ 단행본

Fair Trade, Michael Barratt Brawn, Zed Books, 1993.

Fair Trade:Market-Driven Ethical Consumption, Alex Nicholls and Charlotte Opal, Sage 2005.

■ 잡지 『뉴 인터내셔널리스트』 참고

Coffee, No 271, September 1995.
The Big Jeans Stitch-up, No 302, June 1998.
The Cocoa Chain, No 317, October 1999.
Fair Trade, No 322, April 2000.
The World Trade Organization, No 334, May 2001.
The Free Trade Game, No 374, December 2004.
Trade Jutice, No 388, May 2006.

www.newint.org

부록 | 233

NO-NONSENSE

부록 3

■ 관련 단체

1. 공정 무역 상표

▶ 이제는 여러 가지 공정 무역 상품들을 일반 슈퍼마켓의 선반에서 찾아볼 수 있게 되었다. 만약 찾아볼 수 없으면 왜 그러한 상품이 없는지 계속 문제 제기를 해야 할 것이다. 이와 함께 소비자들에게 제대로 된 공정 무역 상품을 알려 줄 수 있는 효율적인 상표 시스템이 필요하다. 어떤 라벨을 찾아봐야 하는지 알아보도록 하자.

■ 국제 공정 무역 상표 기구(Fair Trade Labeling Organization International, FLO)는 모든 주요 공정 무역 라벨을 총괄한다.

홈페이지 www.fairtrade.net

2. 공정 무역 네트워크

▶ 대안 판매점에서는 여러 무한한 범위의 공정 무역 상품들이 있다. 이 경우 경제 구조 기구나 대안적 거래 기구(Alternative Trading Organization, ATO) 같은 단체와 관련이 있기 때문에 상표는 그다지 중요하지 않다.

■ 대안 무역을 위한 국제 연합(International Federation for Alternative Trade, IFAT)은 47개국의 143개 공정 무역 기구를 아우르는 전 지구적 네트워크이며, 이들 중 많은 수가 개발도상국의 생산자들이다.

홈페이지 www.ifat.org

3. 캠페인 단체

▶ 아마도 공정 무역 조직들만큼 생동감 있게 성장하고 전 세계에 널리 이슈를 퍼뜨리는 조직도 없을 것이다. 이들 조직이 해내고 있는 아름다운 성과들은 불가능한 일이 없어 보이게 한다. 이 단체들은 공정 무역의 출발에 희망을 갖게 한다.

■ 유럽

무역 정의 운동(Trade Jutice Movement, TJM)

▶ 영국에 있으며 환경과 인권 캠페인, 공정 무역 조직, 소비자 단체 가운데 가장 빠른 속도로 성장한 조직이다. 이 조직은 9백만 명의 회원을 가지고 있고, 자유무역이 아닌 '정의로운' 무역을 주장하고 있으며 가난한 사람들과 환경에 대해 책임감을 가지고 활동하고 있다.

홈페이지 www.tjm.org.uk

■ 북아메리카

글로벌 트레이드 워치(Global Trade Watch, GTW)

▶ 미국에 있는 소비자 환경 단체다. 글로벌 트레이드 워치는 세계화와 무역에 관심을 가지고 정부를 상대로 활동하는 조직이다.

홈페이지 www.citizen.org/trade

■ 오스트레일리아

에이에프티아이넷(AFTINET)

▶ 90개가 넘는 공동체와 그보다 훨씬 많은 개별 조직을 통해 무역과 투자 정책에 영향을 끼치는 조직이다. 이 조직은 다자간 투자협정(Multilateral Agreement on Invesment, MAI)에 대항해 성공적으로 성장해 왔다.

홈페이지 www.aftinet.org.au

■ 국제기구

남반구에 주목하라 Focus on the Global South

▶ 방콕과 뭄바이, 마닐라에 사무실이 있다. 저개발 국가에 풀뿌리 민주주의를 정착시키는 데 목표를 두고 있으며 세계화 정책에 대항하는 캠페인도 벌이고 있다.

홈페이지 www.focusweb.org

제3세계 네트워크 Third World Network

▶ 성과 없는 국제 네트워크에 기대지 않고 개발과 북반구의 문제들을 해결해 보려는 조직이다. 말레이시아 페낭에 자리 잡고 있으며 델리와 몬테비데오, 제네바와 아크라에 사무실을 두고 있다.

홈페이지 www.twinside.org.sg

NO-NONSENSE

■함께 보면 좋을 책

희망을 거래한다—가난한 사람들의 무역 회사 막스 하벌라르
프란스 판 데어 호프, 니코 로전 지음, 김영중 옮김, 서해문집

불공정 거래를 깨고 공정 무역을 실현하려는 멕시코 커피 농장의 농부들은 19세기 네덜란드 문학작품 속의 주인공을 불러 와 협동조합에 '막스 하벌라르' 라는 이름을 붙였다. 네덜란드 식민지였던 인도네시아 원주민들의 권리를 위해 싸웠던 막스 하벌라르는 오늘날에는 생산자와 소비자를 '직접' 만나게 하는 징검다리가 되어 주고 있고, 커피 생산자에게 정당한 값을 치를 수 있게 하며, 소비자는 더 신선하고 건강한 작물을 구입할 수 있게 하고 있다. 커피는 물론, 공정 무역 바나나와 청바지까지 공급하고 있는 '막스 하벌라르' 의 사례를 통해 자본주의 속에서 건강하고 유익한 무역의 길을 찾아가는 이들을 만날 수 있다.

■ 옮긴이의 글

진정한 세계화를 위한 공정 무역

장윤정

6년 전쯤 내가 처음 미국에 왔을 때, 이미 미국의 상점들은 중국과 멕시코에서 만들어진 물건들로 가득 차 있었다. 상품의 질은 만족스럽지 않았지만, 이러한 상품들의 가격은 터무니없이 저렴했다. 일상용품의 대부분이 'made in China'이고, 거리나 상점의 단순 작업 노동자들과 단순 사무직들은 멕시코 인들로 가득 차 있었다.

미국의 일상생활은 중국과 멕시코가 짊어지고 있다는 느낌마저 들었다. 이러한 생각은 나 혼자만이 느낀 것이 아니었는데, 많은 미국인들이 미국의 경제를 걱정하며 넘쳐나는 중국 제품과 무시 못할 비율로 늘어나는 멕시코 인들에 대한 경계심을 표현하기도 한다. 심지어 몇 년 전 한 주요 방송사에서는 'made in USA' 제품을 찾아 그 명성과 장인 정신을 소개하는 프로그램까지 방송했다.

미국의 노동자들은 많은 제조업 노동시장이 해외로 빠져나가가면서 일자리가 줄고, 단순 서비스업들이 멕시코 인들로 채워지면서 불법 이민자들이 증가하고 이에 따른 사회복지 혜택이 줄어드는 것에 대해 두려움과 불만을 표현한다. 한편, 소비자로서의 미국인들은 이러한 저렴한 노동력들이 제공하는 무한한 저가 제품들과 서비스에 환호하면서 더 많은 소비를 지향하고자 한다. 삶을 영유하기 위해 일을 해야 할 노동자이자 더 나은 삶을 누리기 위해 상품을 구매하는 소비자로서 사람들은 한 가지 현상에 대해 이중적인 반응을 보이는 것이다.

지구 반 바퀴를 돌아서 미국 시장에 나오게 되는 중국 제품들, 혹은 다른 제3세계에서 만들어지는 각종 상품들의 가격은 가히 경이롭다. 비싼 운반비와 중간 상인들이 챙기는 몫을 제하고도 상품의 가격이 그렇다면, 중국이나 다른 제3세계에서 그 상품을 만드는 노동자들이 받는 임금은 대체 얼마나 되는 것인가? 우리가 의식하지 않고 소비하는 많은 제품들, 일차 상품에서부터 가공품까지 우리가 노동자들의 가치를 제대로 지불하고, 환경에 입힌 피해를 온전히 보상하는 소비는 어떻게 이루어질 수 있는가?

저자 데이비드 랜섬은 그의 책에서 이러한 변화는 현 자본주의 사회에서는 이루어질 수 없고(현 사회는 그러한 가치 평가를 왜곡시키는 것에서부터 시작했으므로), 새로운 무역 기준, 새로운 가치를 실현하려는 움직임에서 시작해야 한다고 주장한다. 이것이 우리가 이야기하는 공정 무역이다. 공정 무역은 상품을 만드는 노동자들의 가치를 제대로 인정할 뿐 아니라, 소비자들의 질주하는 소비 심리를 자제하고 필요한 물건만을 제값으로 지불하자는, 노동자와 소비자 모두의 변화를 유도하는 것이라고 할 수 있다.

또한 공정 무역은 현 자유주의 경제 구조에 대한 대안적인 소비 운동일 뿐 아니라, 무엇보다 사람들에 관한 호소다. 저자 데이비드 랜섬은 자신이 경험한 세계 각국의 제3세계 사람들의 삶을 풀어 나가면서 그들의 개별적인 삶이 거대한 자유무역에서 얼마나 팍팍한지, 그리고 공정 무역으로 어떻게 옮아 가고 있는지를 서술하고 있다.

우리나라에는 없는 바나나 플랜테이션이나 코코아 농장, 커피 농장과 그 노동자들의 이야기는 자칫 구체적으로 다가오지 않는, 우리들 개인의 삶과는 동떨어진 것으로 보일 수도 있겠다. 그러나 그들이 생산하는 상품들은 우리의 일상생활 곳곳에서 만나는 것들이며, 우리는 그 과정에는 무지한 채 최종 결과물만을 소비해 오고 있었다.

우리가 일상적으로 즐기는 많은 상품의 생산과정에 들어가는 수많은 노고와 땀을 인식한다면, 우리의 소비생활은 결코 지금과 같을 수 없을 것이라는 저자의 주장은, 가장 기본적인 인간애와 국제사회의 이웃에 대한 관심에서 시작하는 것이라고 할 수 있다. 이것이야말로 진정한 세계화를 위한 올바른 자세일 것이다.

먼저 이 책이 한국어로 나올 수 있도록 경력 짧은 역자에게 기회를 주신 도서출판 이후에 고마움을 전한다.

이 책의 번역은 나의 둘째 아기 임신과 함께 시작되었다. 번역을 태교 삼아 컴퓨터 앞에 붙어 있었던 엄마를 위해 무난한 임신기간을 보내도록 협조해 준 둘째에게 미안함과 고마움을 미리 전한다. 그리고 엄마의 공부를 방해하지 않고 혼자서도 잘 놀아 준 첫째 유진이와 번역 문체들을 끝까지 함께 다듬어 주었던 남편에게도 감사한 마음을 전한다.

2007년 3월,
미국에서

《아주 특별한 상식 NN—세계화》
자본의 세계화, 어떻게 헤쳐 나갈까?

웨인 엘우드 지음ㅣ장윤정 옮김ㅣ값 9,500원

지구를 움직이는 체계 전반을 폭넓게, 자세히 묘사하면서 우리가 처한 현재의 조건을 명쾌히 설명하는 길잡이다. 세계화가 어떻게 잘못되었으며 앞으로 어디로 나아가야 하는지를 알려 주는 쓸모 있는 개론서다. 세계화의 지침이 되는 경제학이 사실은, 삶의 질에는 전혀 관심이 없다는 사실 또한 폭로하고 있다.

"세계화는 당신이 피해갈 수 없는 이 시대의 통용어다. 그러나 도대체 세계화라는 것은 뭔가? 어떤 사람들은 세계화를, 바로바로 의사소통이 가능하고 전 지구적인 번영이 약속되는 민주적 세계로 가는 승차권이라고 생각한다. 반면 어떤 사람들은 문화적 다양성과 생물학적 다양성 모두를 위협하며 전혀 통제할 수 없는, 돈에 미친 거대한 괴물이라고 생각한다. 이 책『자본의 세계화, 어떻게 헤쳐 나갈까?』는 '국경 없는' 세계로 향하는 길이 유혹적이고 강력하지만 궁극적으로는 공허하다는 것을 보여 준다."
─『뉴 인터내셔널리스트 New Internationalist』

《아주 특별한 상식 NN—세계의 빈곤》
세계의 빈곤, 누구의 책임인가?

제레미 시브룩 지음ㅣ황성원 옮김ㅣ값 9,500원

빈곤이 무엇인지, 가난한 나라들이 개발의 대상으로 전락한 까닭은 무엇인지, 과연 저개발 국가들의 자립은 가능한지 따위 질문에 명쾌한 해답을 던져 주는 책이다. 날카롭고 간결하면서 올바른 정치 분석이 담겨 있다.

"세계가 이렇게 부유해졌는데도 가난한 사람들은 왜 전보다 더 많아졌는가? 부유함과 가난에 대한 틀에 박힌 생각은 잘못된 것이다. 제레미 시브룩의《아주 특별한 상식 NN—세계의 빈곤》은 저자 자신이 직접 부자들과 가난한 사람들을 만나고 체험한 결과를 두고 가난이 뜻하는 바를 요약해 설명하고 있는 책이다. 저자는 가난의 반대편에 있는 것은 부유함이 아니라 '충족'이라고 결론을 짓고 있다. 또한 세계의 가난한 사람들이 목표로 하는 것은 부자가 되려는 것이 아니라 '안전함'이라고 말한다. 경제 성장은 빈곤 문제를 극복하는 것이 아니라 오히려 더 심각하게 만든 책임을 져야 한다고 말한다. 제레미 시브룩의 이야기는 가난에 관해서뿐만 아니라 우리가 살아가야 할 길에 대해서도 기존의 생각을 버리게 만들어 준다." ─『뉴 인터내셔널리스트 New Internationalist』

《아주 특별한 상식 NN—과학》

과학, 멋진 신세계로 가는 지름길인가?

제롬 라베츠 지음 | 이혜경 옮김 | 값 9,500원

유전체학과 로봇 공학, 인공 지능, 나노 기술로 인한 경제적 발전은 없을 것이라고 단언하면서 미래 과학이 우리 건강과 부에 어떻게 공헌해야 할지, 과학의 약속은 앞으로도 유효할 것인지 묻고 있는 책이다. 사명감을 지닌 모든 과학자들과 과학의 역할과 문제점에 대해 고민하는 누구라도 꼭 읽어야 할 책이다.

"과학은 여전히 거대한 지적 경험이지만 지금은 금전적인 이익이나 권력, 특권 따위의 수단이 되고 있다. 지난 반세기 동안 과학은 그릇된 방식으로 쓰여 왔다. 우리는 낡은 생각과 가설들을 버리고 과학에 새롭게 접근해야 한다. 제롬 라베츠의 《아주 특별한 상식 NN—과학》은 '탈정상' 과학으로 우리를 안내한다. 우리는 이 책을 통해 낡고 단순화된 과학의 확실성과 타당성에 대한 기존의 사고를 뛰어넘을 수 있다. 이 책은 새롭게 쓴 과학의 역사를 신선하게 담고 있고, 여러 가지 과학적 질문들도 담아 놓았다." —『뉴 인터내셔널리스트 New Internationalist』

《아주 특별한 상식 NN—기후변화》

기후변화, 지구의 미래에 희망은 있는가?

디나르 고드레지 지음 | 김민정 옮김 | 값 9,500원

이 책은 지구 온난화가 어느 정도로 진행되어 있는지, 기후변화가 미치는 영향과 그 원인은 무엇인지, 각국 정부와 세계기구의 해결 방안은 무엇인지 상세하게 밝히고 있다. 기후변화의 위험성을 강렬하게 폭로하면서 비판적인 정보를 풍성하게 제공해 준다.

"최근 기상 관측 기록들이 보여 주는 열파, 허리케인, 가뭄, 홍수 등은 이상기후의 단적인 예들이다. 오늘날 뉴스에 자주 언급되는 심각한 기후변화는 더 이상 놀랄 만한 사건이 아니다. 자연의 급격한 변화는 위기를 피부로 느끼게 하고 있으며, 인간의 지식으로는 해명하기 힘든 기후변화 때문에 두려움은 점점 커지고 있다. 《아주 특별한 상식 NN—기후변화》는 기후변화로 인한 건강상의 피해, 농작물이 입는 피해, 야생동물이 입는 피해 등의 과학적 사실과 더불어 기후변화를 해결하기 위한 정치적인 협상 쟁점까지도 수록하고 있다." —『뉴 인터내셔널리스트 New Internationalist』

《아주 특별한 상식 NN-공정 무역》
공정한 무역, 가능한 일인가?

지은이 | 데이비드 랜섬
옮긴이 | 장윤정
펴낸이 | 이명회
펴낸곳 | 도서출판 이후
편집 | 김은주, 김진한
표지·본문 디자인 | Studio Bemine

첫 번째 찍은 날 | 2007년 3월 30일
두 번째 찍은 날 | 2007년 10월 5일

등록 | 1998년 2월 18일 (제13-828호)
주소 | 121-836 서울시 마포구 서교동 325-1 원천빌딩 3층
전화 | 전화 (대표) 02-3141-9640 (편집) 02-3143-0905 팩스 02-3141-9641

ISBN 978-89-88105-89-4 04300
ISBN 978-89-88105-84-9 04300 (세트)

이 도서의 국립중앙도서관 출판시도서목록(CIP)은
e-CIP 홈페이지(http://www.nl.go.kr/cip.php)에서 이용하실 수 있습니다.
(CIP제어번호: CIP 2007000892)

값 9,500원